# 新・しもつけ風土記

―展示解説図録―

下野市立しもつけ風土記の丘資料館［編］

随想舎

# プロローグ

かつて、栃木県南部に河内郡南河内町・下都賀郡石橋町・下都賀郡国分寺町という町が存在しました。南河内町は35年間、石橋町と国分寺町は52年間という歳月とともに、多くの人々がそこに暮らしました。

平成18（2006）年1月10日、それぞれの自治体が歩んできた歴史を織りなすように下野市が誕生しました。

その日からおよそ15年の月日が流れ、令和の時代を迎えました。この15年という短くも新たな歳月の中で、東日本大震災、新型コロナウイルスの蔓延など大きな災難に見舞われました。

2026年には昭和が始まってから100年を迎えますが、昭和の人々もその前の大正・明治時代の人たちも自然災害だけでなく、2度にわたる世界大戦や公害など、人びとが生み出した数々の災難にも見舞われました。さらに江戸、戦国、室町と時代をさかのぼると文字に記された記録が少なくなるため、その時代の生活の様子やその時代を生きた人々の気持ちを理解することはより難しくなります。しかし、1000年以上前でも、文字を自由に使い思いを文章にして相手に伝えることができなかった時代でも、山上憶良《やまのうえのおくら》が『万葉集』に残した「銀も金も玉も何せむに勝れる宝、子にしかめやも」の歌のようにいつの世も、親は子供を一番の宝に思い、子は年老いた親を思う気持ちは不変のものと思います。

また、憶良は『貧窮問答歌《ひんきゅうもんどうか》』で、「この世は辛く身も痩せるほど耐え難いけれど飛んで行ってしまうこともできない。鳥ではないのだから」という歌も詠んでいます。この歌から、憶良の生きた1300年前の奈良時代は、庶民は辛く耐え難いような日常を過ごしていたという印象を受けるでしょう。さらに、この前段には税を取り立てに来た役人が鞭をもって怒鳴っている場面が記されており、これだけ読むと奈良時代はなんてやるせない時代で、社会保障などはみじんも考えられていない時代のように思われます。しかし、下毛野《しもつけの》朝臣《あそん》古麻呂《こまろ》たちが編さんした「大宝律令」には、老人や身体の不自由な人など社会的弱者に対する福祉制度もきちんと決められていました。さらに『万葉集』には、筑波山麓で春と秋の2回、近隣の村々から男女が酒や食べ物を持参して集まり、恋愛を楽しむ歌垣《うたがき》なども行われていたことが東歌《あずまうた》に記されています。この楽しい集まりには、現在の下野市域周辺に住んだ人たちも参加したことでしょう。

　教科書やニュースなど取り上げられる古墳は特別なものではなく、同じかたちの古墳は、この下野市や栃木県にも数多く造られました。しかし、その大きさはかなり違っており、細部の形状も異なっています。その理由はなぜなのでしょう？　また、これらの古墳はどのように造られたのでしょう？　埴輪も西日本で造られた古墳と同様、関東の古墳でも出土しますが、関西の古墳から出土する馬形埴輪よりも東国で出土する馬形埴輪のほうが、脚が長く大きいのはどうしてなのでしょう？　各地で行われている発掘調査でこれまで数万の埴輪が出土していますが、機織りをしている女性を表現した埴輪が現在のところ甲塚古墳からしか出土していないのはなぜなのでしょう？
果たしてその答えが見つかるかどうか？　皆さんも一緒に考えてみましょう。

# 新・しもつけ風土記 ―展示解説図録―

目次

## Ⅲ 奈良時代 55

# 常設展示図

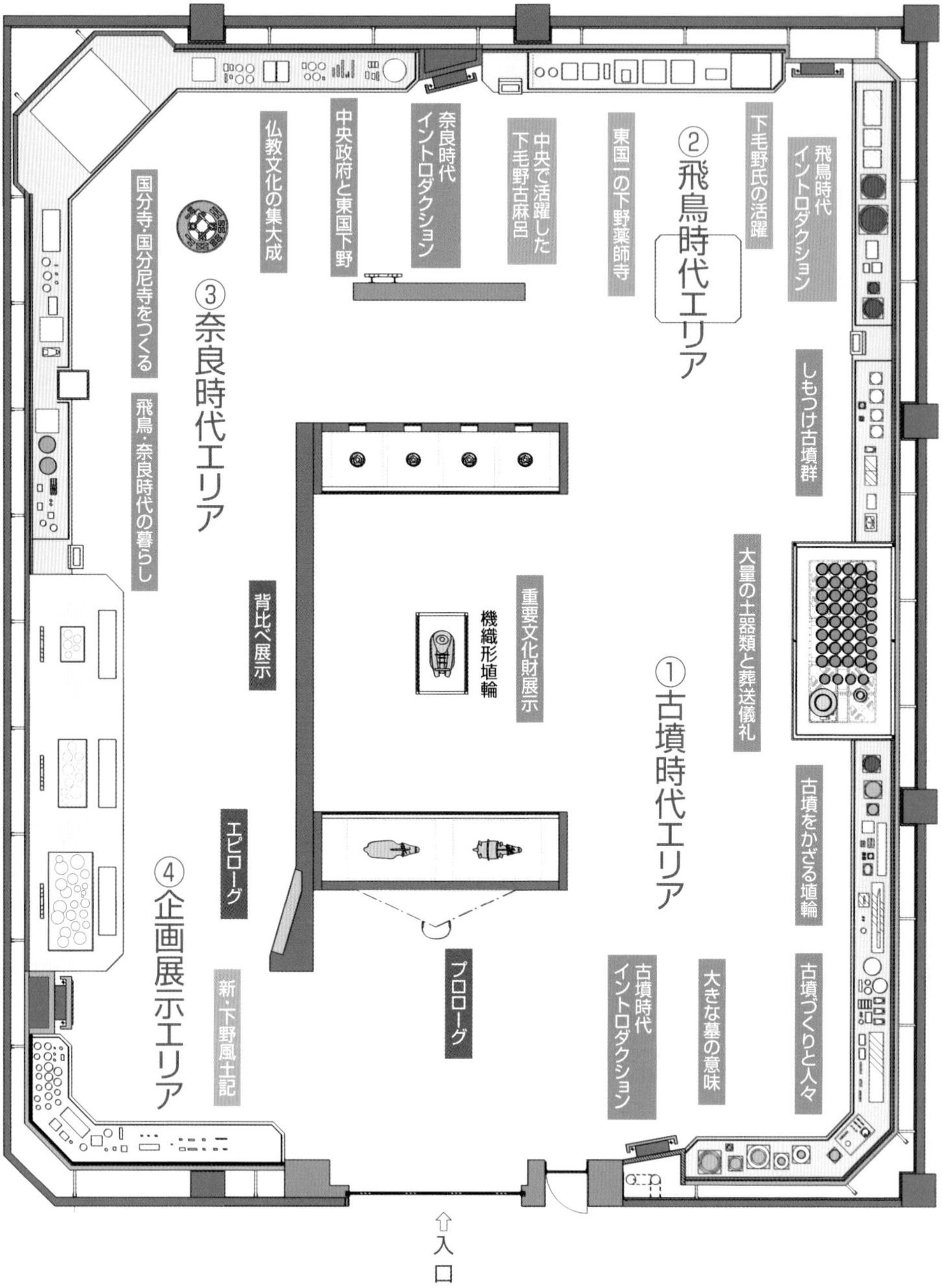

②飛鳥時代エリア
飛鳥時代イントロダクション
下毛野氏の活躍
東国一の下野薬師寺
中央で活躍した下毛野古麻呂
奈良時代イントロダクション
中央政府と東国下野
仏教文化の集大成
国分寺・国分尼寺をつくる
③奈良時代エリア
飛鳥・奈良時代の暮らし
しもつけ古墳群
大量の土器類と葬送儀礼
①古墳時代エリア
重要文化財展示
機織形埴輪
背比べ展示
古墳をかざる埴輪
エピローグ
④企画展示エリア
新・下野風土記
プロローグ
古墳時代イントロダクション
大きな墓の意味
古墳づくりと人々
入口

# I 古墳時代

# 王権の形成と前方後円墳

## 「クニ」の形成と大首長

弥生時代の終わり頃になると、九州から東海地方周辺の首長たちは、同一の農耕祭祀や墳墓祭祀が共有可能な範囲で政治的連合を組みました。

これらの共同体は、脅威となるような他集団と対抗するため、さらに規模を広げ、複数の共同体間でも連立を図りました。その連立には、共同体間において対等の軍事力の保有や祭祀のあり方などが必要とされました。このような共通の認識のもとで、複数の共同体による連合体＝「クニ」が形成されました。複数の首長の頂点には、彼らを統括する大首長が君臨しました。

## 王墓の誕生と古墳の出現

複数の地域連合を統治した大首長は、その集団がもつ権力の表象として他地域の共同体よりも上位の権力を表象する「モノ」を目指します。その思想の中の一つが、他よりも大きい墓＝王墓という「かたち」になります。

それぞれの共同体は、集団における共通の認識に基づき円形や方形、さらに方形で墳丘を持つ墳墓、前方後円形の墳墓、双方に突出部がついた円形・方形の墳丘墓、四隅が

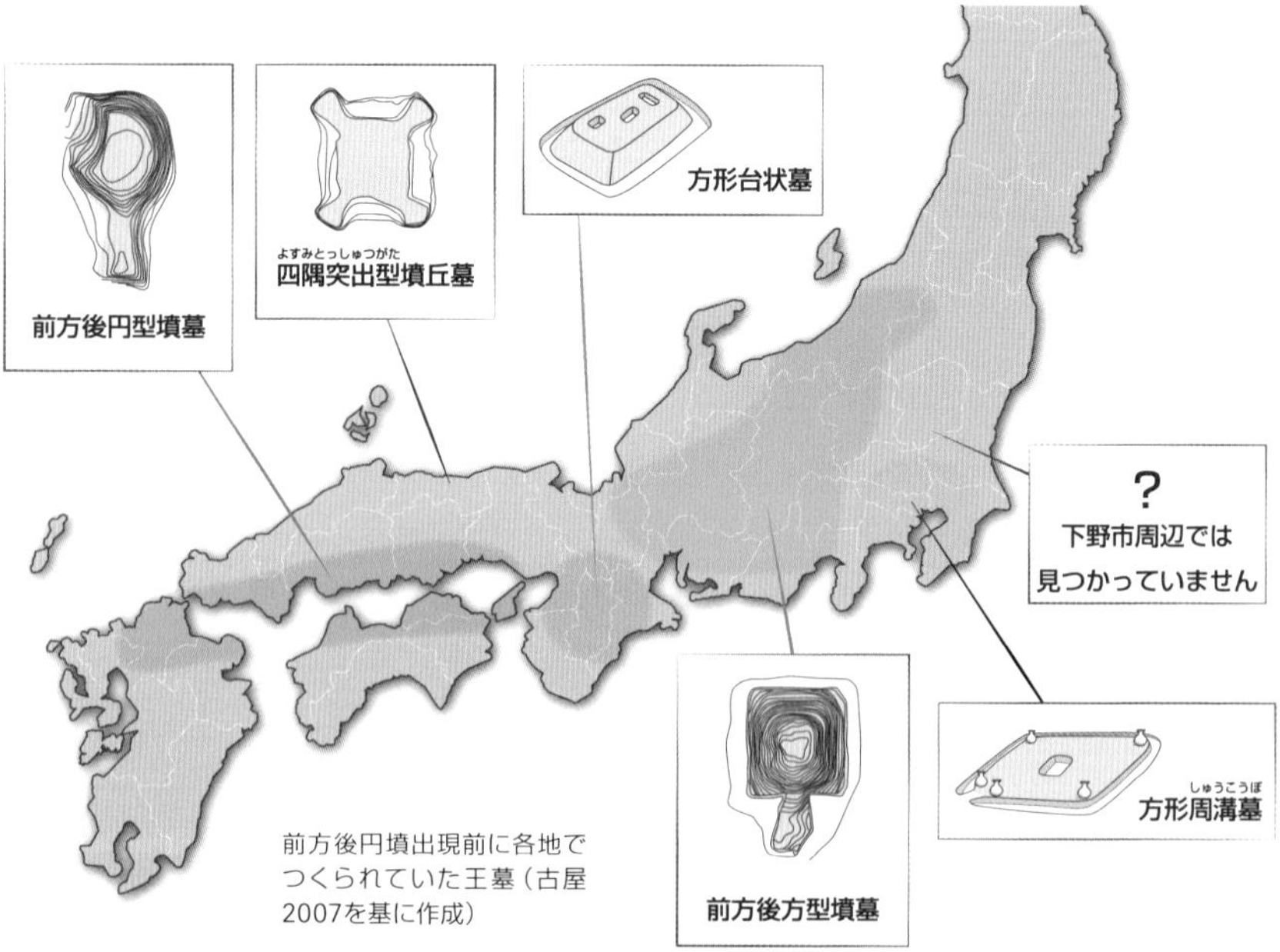


前方後円墳出現前に各地でつくられていた王墓（古屋2007を基に作成）

突出する方形の台状墓、前方後方型墳墓など、さまざまな形状の墳墓を造りました。小高い墳丘を形成した墳墓では、墳丘の段築、墳丘表面へ葺石や貼石、列石など共通の要素を重視しました。また、四周に石を積み上げ大きく平らな天井石で蓋をする竪穴系の石槨《せっかく》や丸太を2つに割り中をくり抜いた割竹形木棺や板状の木材を組み合わせた箱式木棺など、石や木を用いて造った埋葬施設の構造、棺内を赤く染める技法などを共通の認識としました。さらに副葬品として、中国鏡、鉄剣・鉄刀・鉄鏃・銅鏃などの武器、斧・槍鉋《やりがんな》・刀子などの鉄製工具、硬玉・碧玉やガラス製の勾玉、管玉など多種の威信財や道具類などが埋納されます。これらは被葬者の権力規模に応じた組み合わせがなされ、また、その集団が所有する技能を表象する役割も持っていたと考えられます。このほか、死者や祖霊への供献用として特殊器台や特殊壺、高坏《たかつき》、器台、甕などを墳頂部に配置する葬送儀礼様式を有した首長墓が出現します。

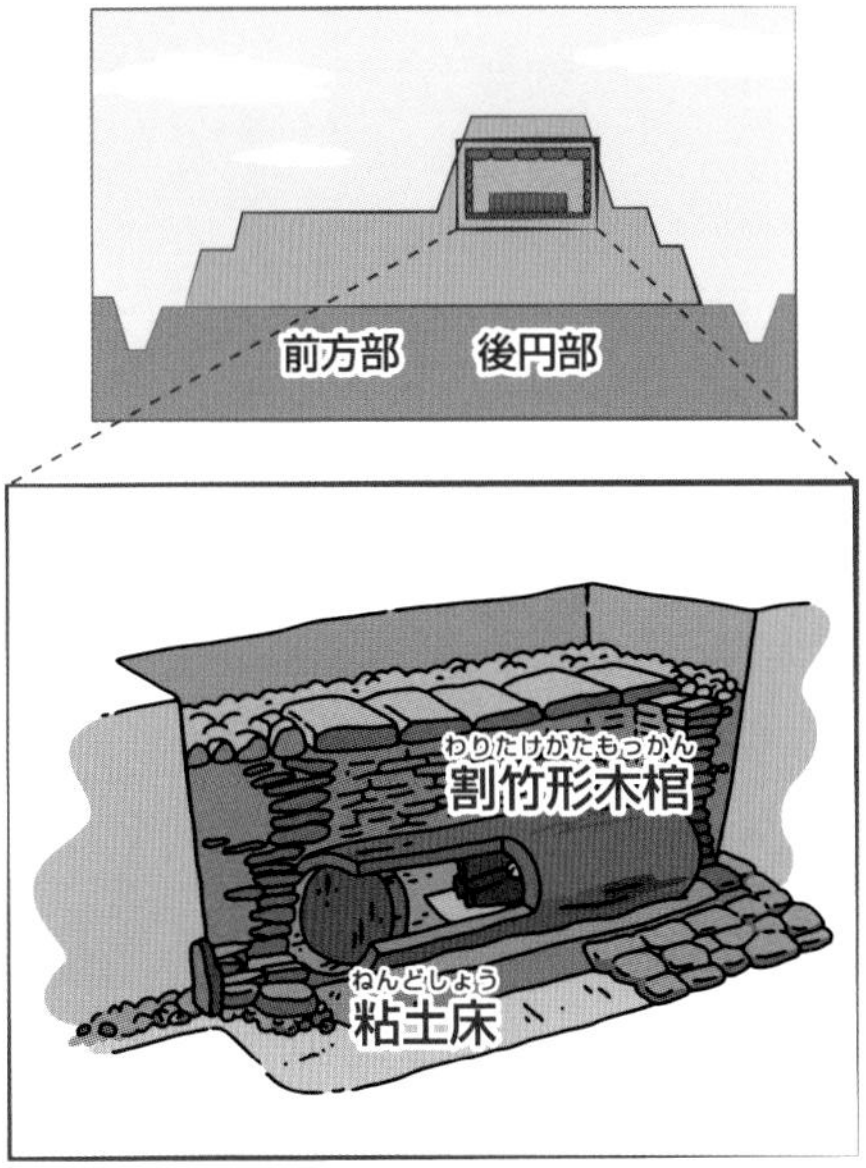

割竹形木棺を安置した竪穴式石室の推定復元図

　これらの事例として、奈良盆地南部（奈良県桜井市）の大型拠点集落である纏向《まきむく》遺跡に隣接して造られた纏向古墳群には、平面形が前方後円墳と類似した「かたち」の墳墓が造られました。この墳墓は「纏向型前方後円墳丘墓」として分類されており、研究者の間ではこれを前方後円墳の緒言的なものという説、これとは逆に墳丘が低く埋葬施設が前方後円墳と異なることから前方後円墳につながらないという2つの説が提唱されています。

　現在、前方後円墳は、弥生時代の終わり頃に岡山県吉備《きび》地方や近畿地方など、西日本各地で造られた王墓が有した構成要素に中国の神仙思想や北枕などの風習、さらに「天円地方」の観念や各地の首長が信奉していた祭祀など共通する部分を統合し、共通の概念をつくりあげ、墳丘をその祭祀行為執行の場として「かたち」にしたと考えられています。

## 古墳はなぜつくられた？

ところで、人はいつから死者を埋葬するようになったのでしょう？　国外の事例ですが、1万年以上前の遺跡で墓に花を手向けたと考えられる痕跡が確認されています。死者を送る行為を「葬送」といいますが、いつの時代もどこの国の人でも死者との別れを悲しみ、何らかの葬送を伴う儀礼は人の普遍的な行為と考えられます。

葬送とその儀礼には、①死者を埋葬する目的　②死者が現世から消え新たに他界との関係性を持つことを明示する行為　③死によって死者が有していた立場・役割に生じた隙間の確認と残された人々が継承すべき役割の再確認　④役割の継承行為など　複雑な目的が含まれていました。

弥生時代の後期（2世紀後半～3世紀前半）になると、西日本の首長たちは、各地域で共通の「かたち」のさらに大きな「王墓」をつくるようになりました。これらは、古墳時代の古墳と区別し「弥生墳丘墓」と呼ばれています。「墳丘墓」とは、権力を誇示するために土や石を積んで造った高い塚をもつ墓のことです。古代エジプトのピラミッドや古代中国の始皇帝陵なども墳丘墓に相当します。

日本では、弥生時代後期頃に特定の地域・集団が共通の「かたち」をもつ、必要以上に大きな墓を造るようになります。しかし東日本では、西日本で造られたような高い塚を持つ墓はあまり造られなかったようです。栃木県内では、現在までこれに該当するような墳丘墓は見つかっていません。

## 前方後円墳の成立

それまでの弥生墳丘墓と前方後円墳の違いは、規模や可視性・視認性の差、階層化、定型化・形式化と数量的増加という指摘があります。さらに大型化に伴う荘厳性、威圧性、隔絶性という視角的要素が前方後円墳には加わったと考えられています（広瀬2003）。

古墳時代初頭、初めて前方後円墳として築造された箸墓古墳（奈良県桜井市）は、全長278m、後円部径約150

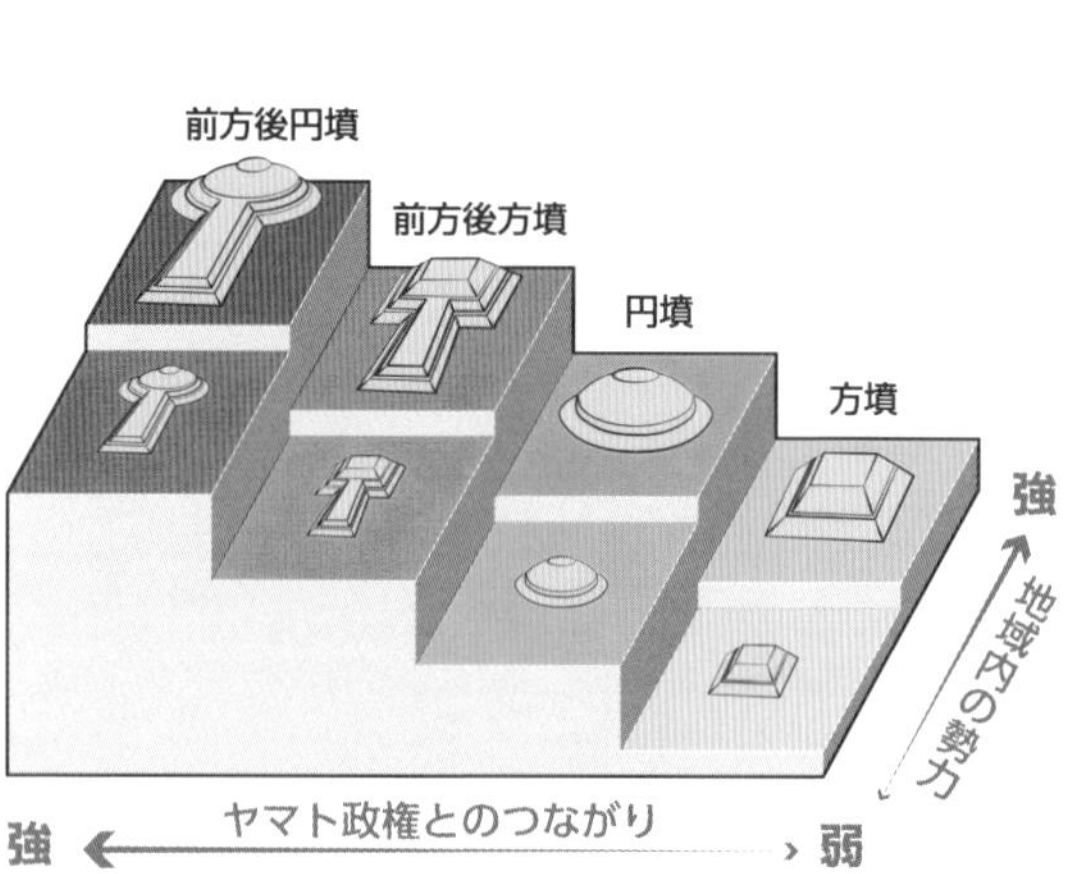

地方におけるヤマト政権とのつながりと古墳の階層性（都出比呂志氏原図引用改変、『知識ゼロからの古墳入門』より転載・加筆）

m、高さ約30m、前方部前面幅約130m、高さ約16mとそれまでの弥生墳丘墓とは別格の規模で『魏志』倭人伝に登場する卑弥呼の墓と想定されています。この箸墓古墳に続いて3世紀末～4世紀初頭に西殿塚古墳(230m級・大和古墳群：天理市)、桜井茶臼山古墳(200m級・鳥見山古墳群：桜井市)、4世紀前半～中頃には行燈山《あんどんやま》古墳(240m級・大和古墳群：天理市)、渋谷向山古墳(300m級・大和古墳群：天理市)、メスリ山古墳(240m級・鳥見山古墳群：桜井市)、五社神古墳(260m級・奈良市：佐紀《さき》盾列《たてなみ》古墳群)などが大和地方の南部と南東部、北部に造られ、その後、和泉、河内、摂津など畿内各地に前方後円墳が広がっていきました。

定型化した「かたち」の前方後円墳の出現から成立は、大和を中心に畿内を支配したヤマト政権によるものと考えられています。畿内で成立した前方後円墳は、この後、美濃・尾張～信濃～上野方面と遠江《とおとうみ》・三河～駿河～甲斐・相模を経由して上総・下総、さらに会津方面へと広がりました。

4世紀前半に築造された甲斐天神山古墳(墳長130m級：山梨県甲府市)、4

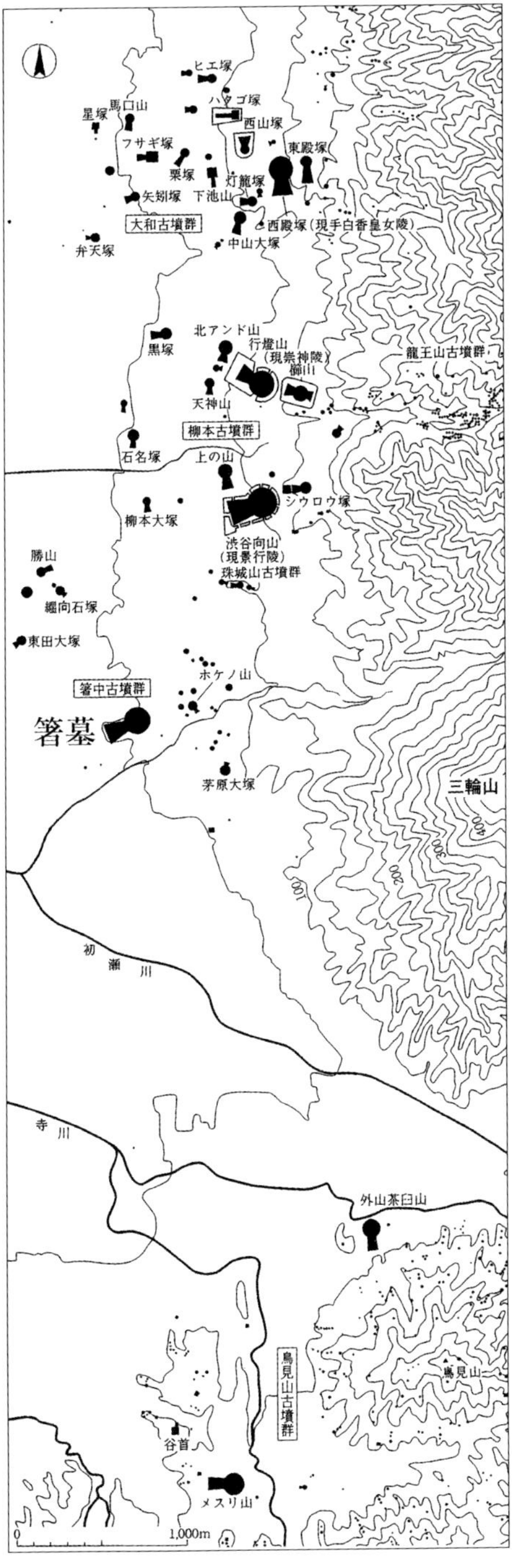

奈良盆地東南部の各古墳群における大型古墳の分布(『応神大王の時代』大阪府立近つ飛鳥博物館図録より)

世紀前半～中頃に築造された前橋天神山古墳（墳長130m級：群馬県前橋市）4世紀前半の福島県の堂ヶ作山古墳（墳長84m：福島県会津若松市）、4世紀後半～末の会津大塚山古墳（墳長114m：福島県会津若松市）などは、東国で早い段階に造られた大型前方後円墳で、これらの中で最も古いものは、下毛野初の大型前方後円墳である笹塚古墳（宇都宮市）よりも100年以上前に造られたことになります。

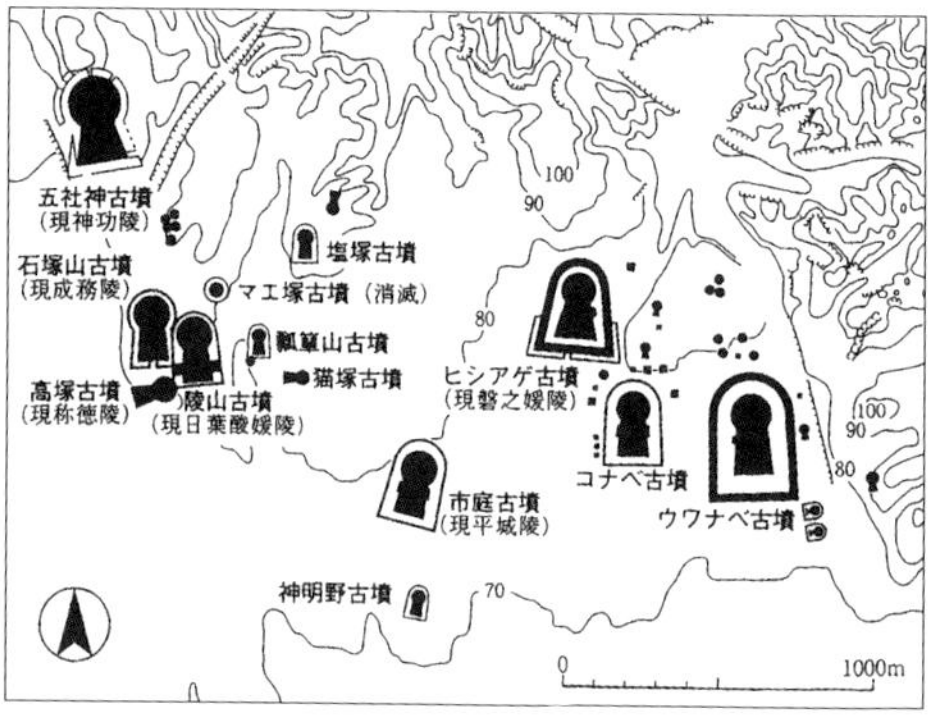


奈良市佐紀古墳群（『応神大王の時代』大阪府立近つ飛鳥博物館図録より）

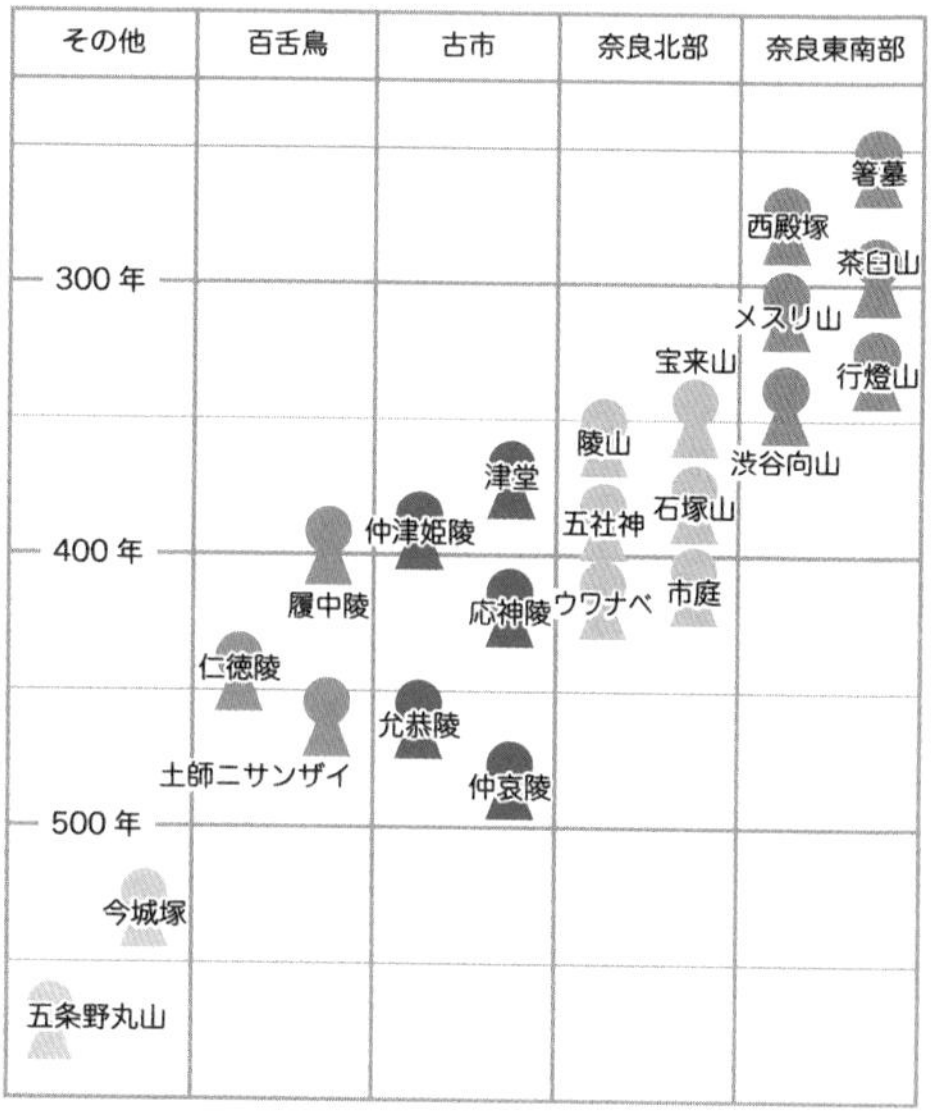


大王墓クラスの古墳の編年（『継体大王の時代』大阪府立近つ飛鳥博物館図録より）

# 下毛野の古墳

## 栃木県内の大型古墳

栃木県内で墳長が100mを超える前方後円墳は、笹塚古墳（105m）、摩利支天塚古墳（120・5m：小山市）、琵琶塚古墳（124・8m：小山市）、吾妻古墳（127・85m：栃木市・壬生町）の4基で、わずかに100mを下回る塚山古墳（98m：宇都宮市）を含めると5基造られました。では、造られた時期はいつ頃なのでしょう。笹塚古墳や塚山古墳は5世紀後半、摩利支天塚古墳・琵琶塚古墳は5世紀末から6世紀初頭頃に造られたと想定されており、吾妻古墳が造られた6世紀中頃を境に県内で

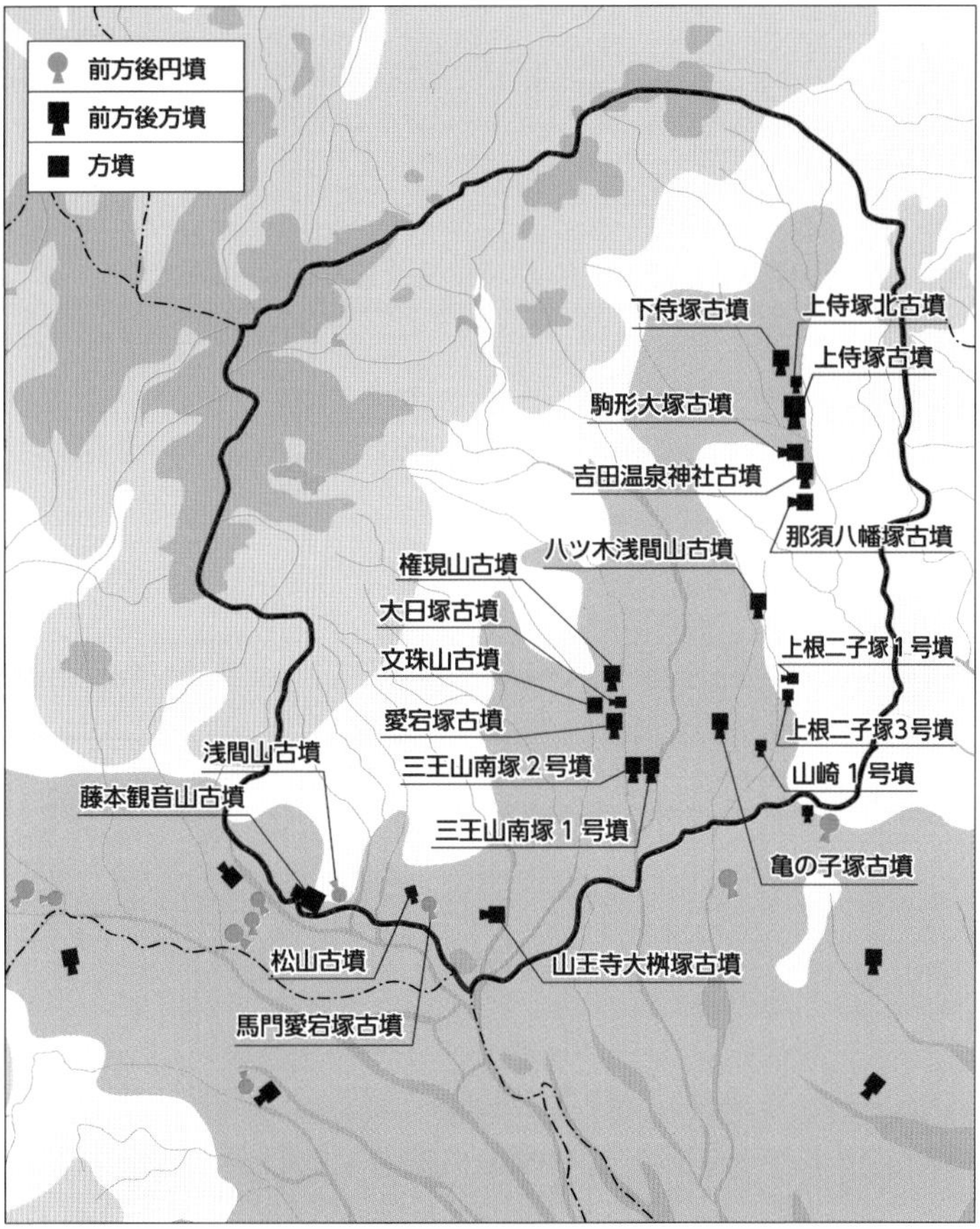


栃木県の前期古墳分布図（栃木県教育委員会・大田原市教育委員会2013を基に作成）

は80ｍを超える前方後円墳は造られなくなります。

県内で笹塚古墳が造られる以前、古墳時代前期を中心に那須地域、県央部、鬼怒川以東、渡良瀬川流域に前方後方墳が複数基造られました。各地域でそれぞれ最初に造られた前方後方墳は、30～50ｍ級ですが徐々に大型化します。上侍塚古墳（墳長114ｍ：大田原市）、藤本観音山古墳（墳長117ｍ：足利市）、山王寺大桝塚《さんのうじおおますづか》古墳（墳長96ｍ：栃木市）は100ｍ級で県内最初の畿内型の前方後円墳である笹塚古墳と墳長規模はほぼ同格ですが、この「かたち」の古墳はこの後姿を消していきます。また、山王寺大桝塚古墳は4世紀末に造られた最後の大型前方後方墳ですが、笹塚古墳出現まではおよそ半世紀ほど、空白の時間があったと考えられています。この空白の時間に上毛野では、白石稲荷山古墳（墳長92・5ｍ：藤岡市）、高崎浅間山古墳（墳長175ｍ：高崎市）、大鶴巻古墳（墳長122ｍ：高崎市）、宝泉茶臼山古墳（墳長165ｍ：太田市）、さらにその後、東日本最大規模の太田天神山古墳（墳長210ｍ：太田市）が継続して造られます。この地域は後に上毛野の中心地となりますが、古墳の規模をその地域の「力のものさし」とした場合、この時期は上毛野と下毛野は比較にならないほど地域の力に差があったようです。

## 下毛野の大型前方後円墳としもつけ古墳群

渡良瀬川以西では、4世紀代から前方後方墳の前橋八幡塚古墳（墳長130m：群馬県前橋市）や前方後円墳の前橋天神山古墳といった大型古墳が相次いで造られましたが、以東の下毛野地域では、5世紀中頃に笹塚古墳が造られるまで大型古墳は出現しません。笹塚古墳の平面形は高崎浅間山古墳と相似形で3／5の規模になります。さらにこの浅間山古墳は、奈良市佐紀《さき》陵山《みささぎやま》古墳（207m）の4／5規模の相似形で、笹塚古墳は佐紀陵山古墳のほぼ1／2の規模となることから、畿内と上・下毛野の深い関係が想定されます。

笹塚古墳から北西へ約4km地点に、塚山古墳と帆立貝形古墳の塚山南古墳（墳長60m：宇都宮市）と塚山西古墳（墳長64m：宇都宮市）が相次いで造られましたが、こうした大型前方後円墳の出現は、当地域とヤマト政権の関係を表象するものと考えられています。

5世紀末から6世紀初頭になるとこの地域から南西に約20km離れた思川・黒川と姿川に挟まれた台地上に首長の墓域は移動します。ここには、摩利支天塚古墳や琵琶塚古墳・吾妻古墳が相次いで造られました。この思川・姿川西岸から東は田川と鬼怒川の西岸までの南北14km、東西13kmの範囲に墳長50mを超える前方後円墳15基（帆立貝型古墳を含む）、円墳8基、方墳2基の25基の首長級の古墳とそれより小規模な古墳と群集墳が多数造られました。この地域内の6地点では、首長級の古墳が数

塚山古墳（左）と履中天皇陵（右）

笹塚古墳（左）と佐紀陵山古墳（右）

相似形の前方後円墳
（墳丘の規模は変えています）

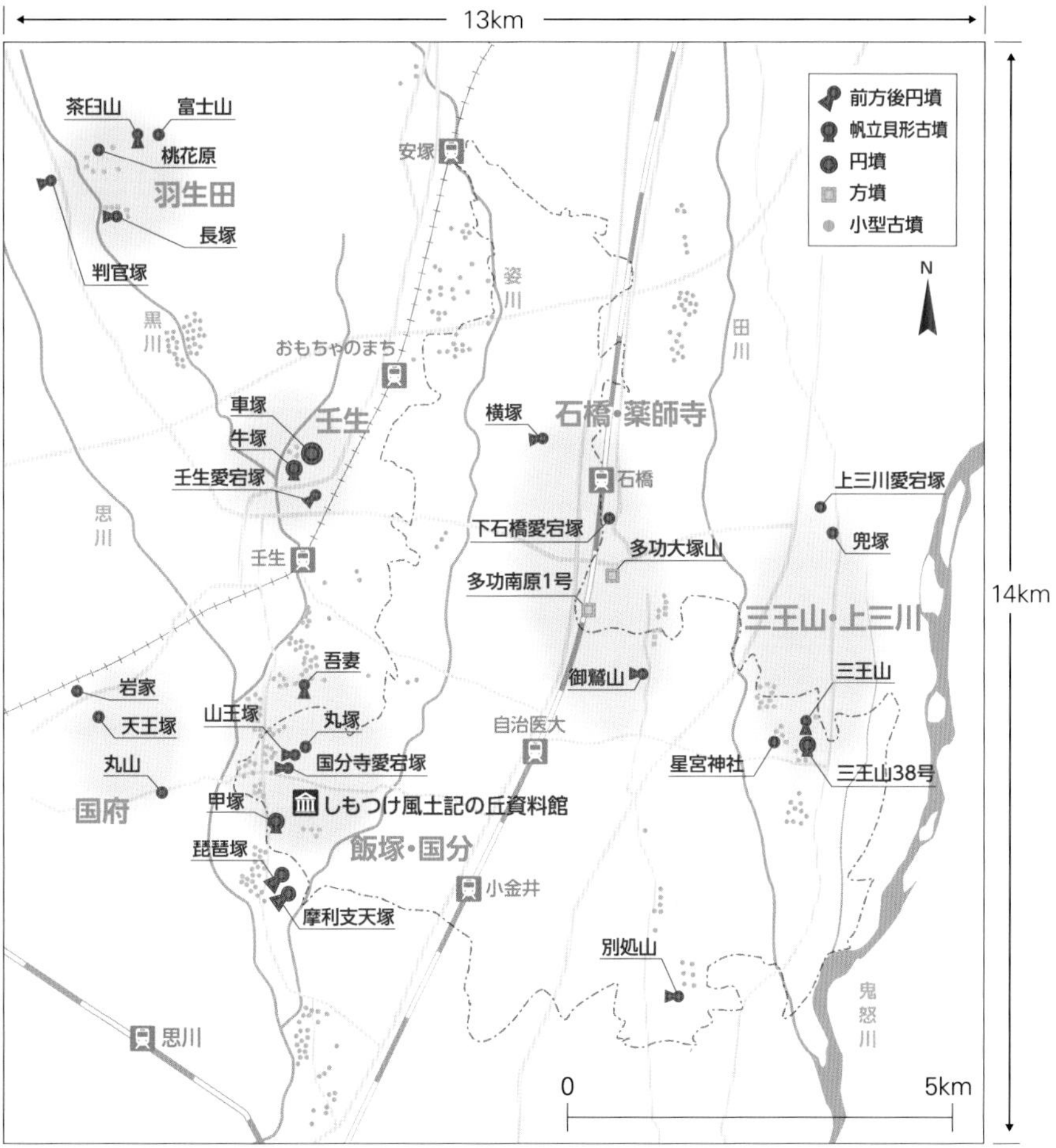

しもつけ古墳群分布図

代に渡って継続的に造られていることからこれらを「しもつけ古墳群」と総称しています。

## 下野型古墳

琵琶塚古墳に続いて造られた吾妻古

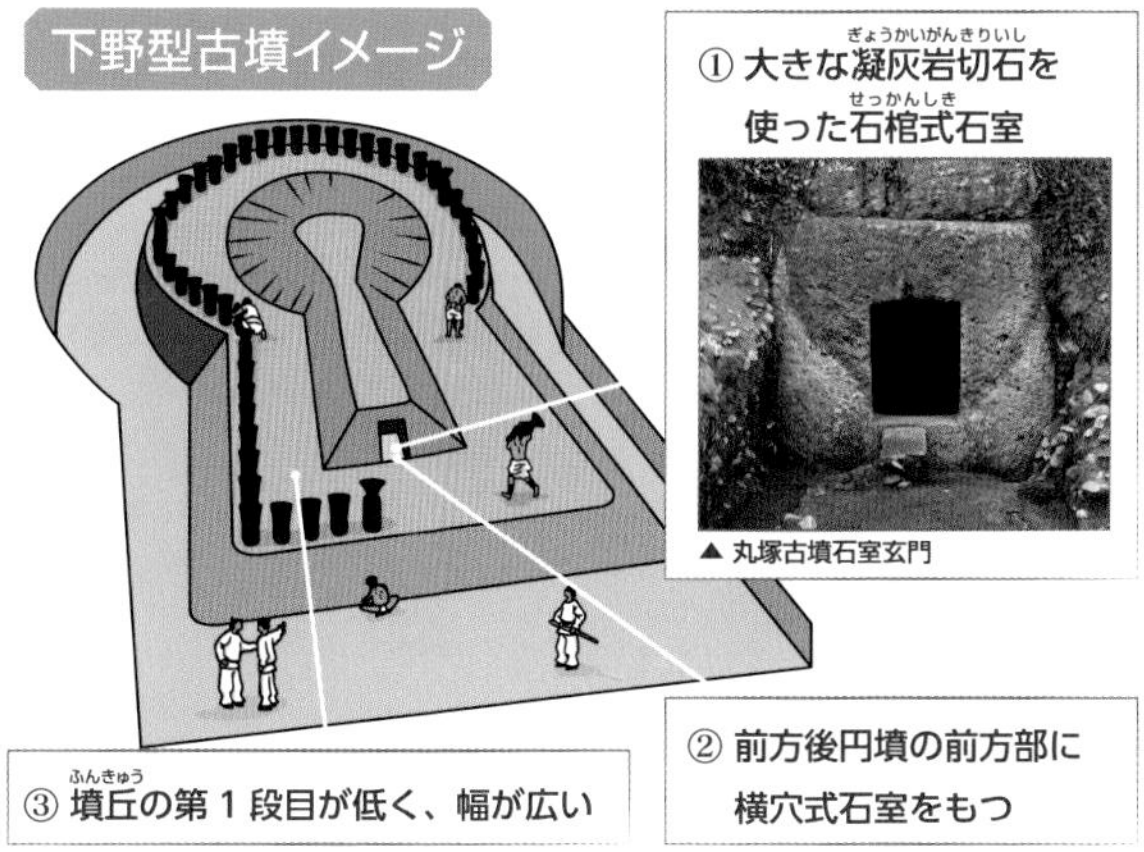

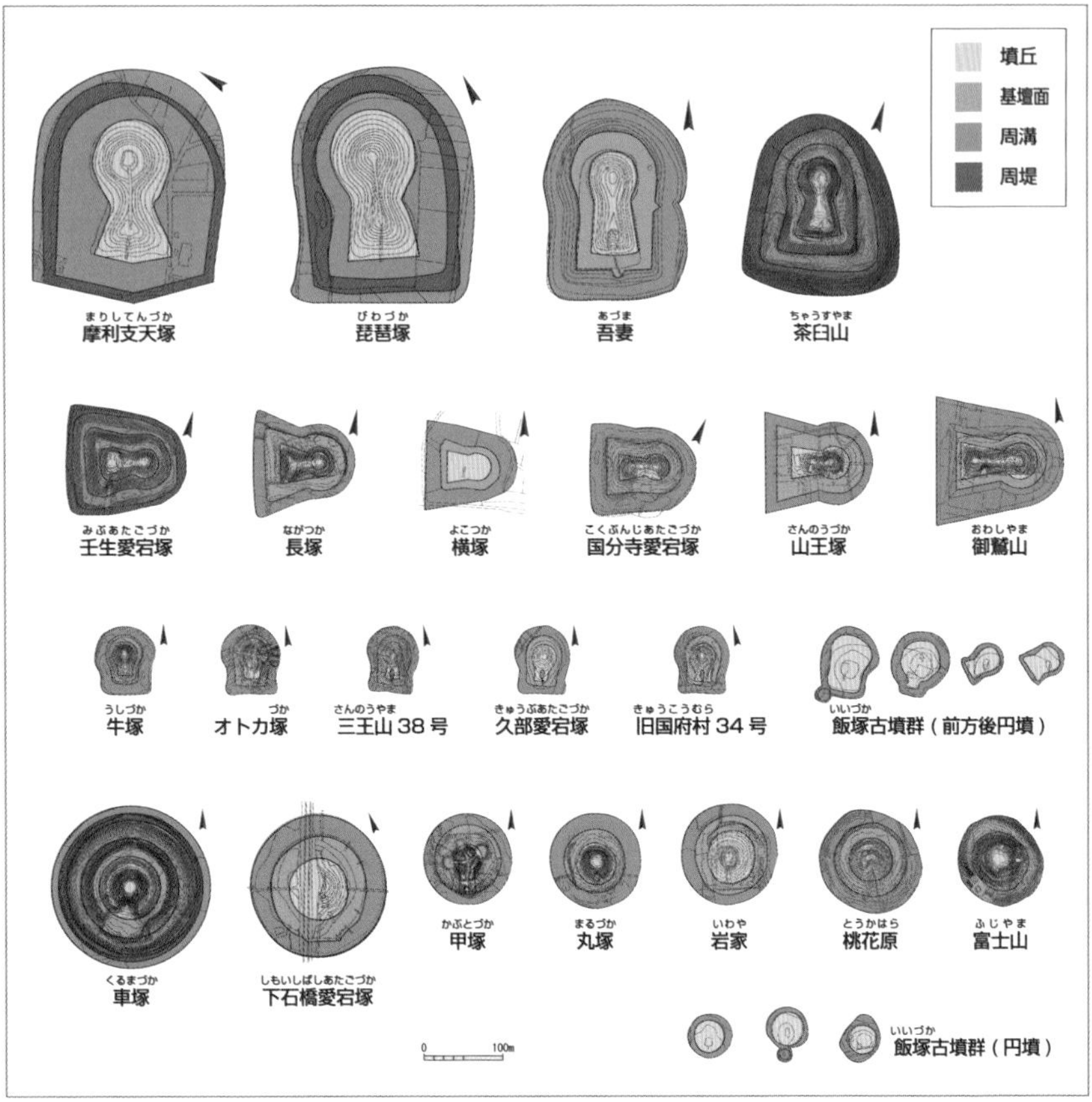


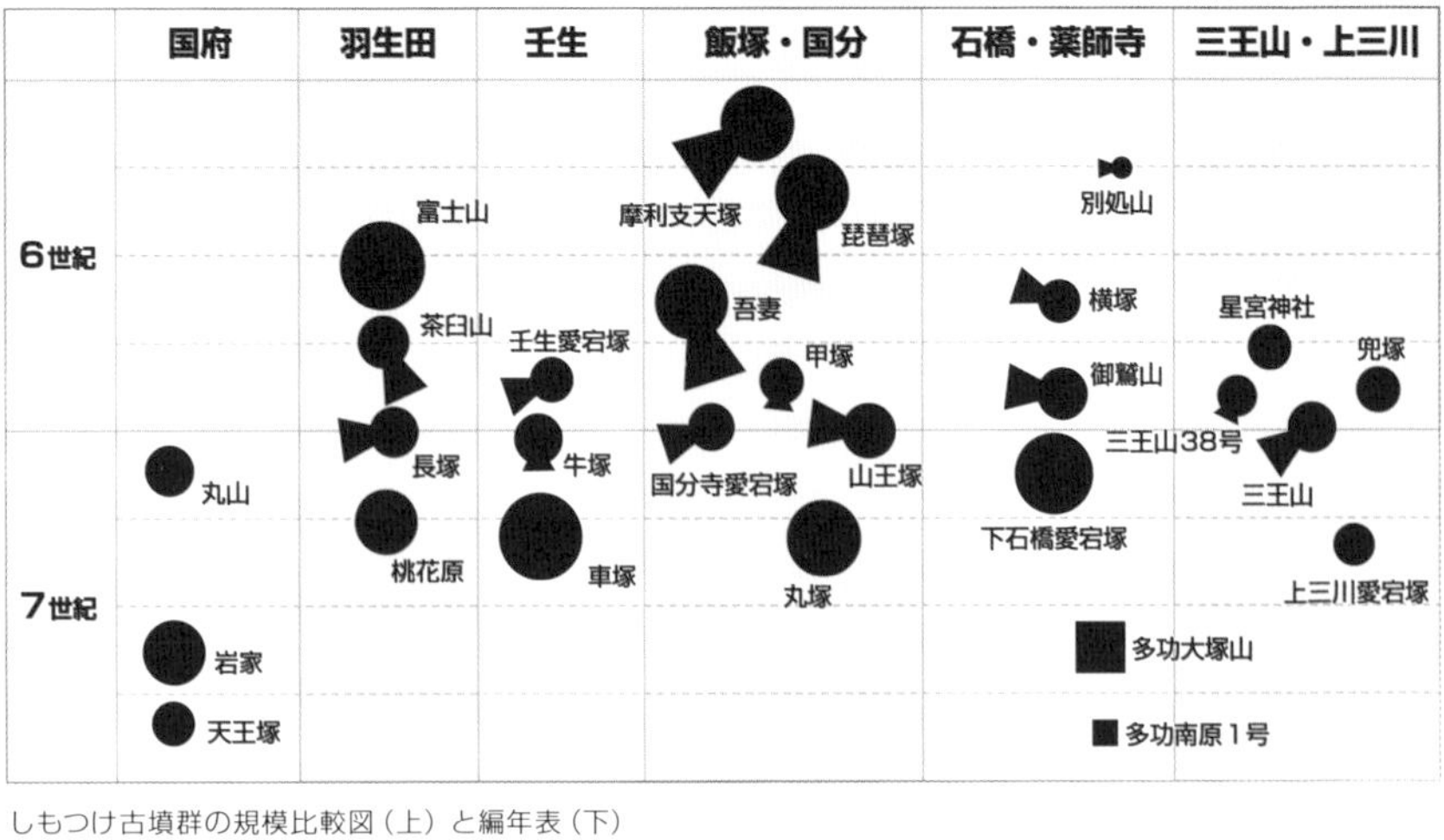


しもつけ古墳群の規模比較図（上）と編年表（下）

墳は、それまでの古墳と異なった特徴を持っています。その特徴とは、①墳丘第一段目が低く幅が広い（研究史上「基壇」と呼ばれる）、②主軸を南北に向けた前方後円墳の場合、前方部前端に石室を造る、③凝灰岩大型切石を使用した横穴式石室または石棺式石室構造。この要素を備えた古墳を「下野型古墳」と呼んでいます。ちなみに、琵琶塚古墳について二段築成の前方部第一段目の平坦面が広いことから、下野型古墳の祖型と考える研究者もいます。

さらに、6世紀後半に現在の壬生町域に造られた前方後円墳の愛宕塚古墳（墳長82m）・長塚古墳（墳長82m）、現在の下野市域に造られた愛宕塚古墳（墳長78・5m）・御鷲山古墳（墳長85m）・三王山古墳（墳長85m）などの墳長はほぼ80mにそろえられています。この後、前方後円墳の築造が停止される7世紀代の下毛野地域では、下石橋愛宕塚古墳（墳長82m）、壬生町の車塚古墳（直径84m）などの巨大円墳もほぼ80m級の規模で造られています。

甲塚古墳では、約11m幅の平坦な墳丘第一段のほぼ中央に埴輪が一列に置かれ、主体部の西側付近から約200点の手持ちの土器（坏）と供献用の高坏などが多数出土したことから、この場所で葬送に関わる何らかの儀式が行われたと考えられています。

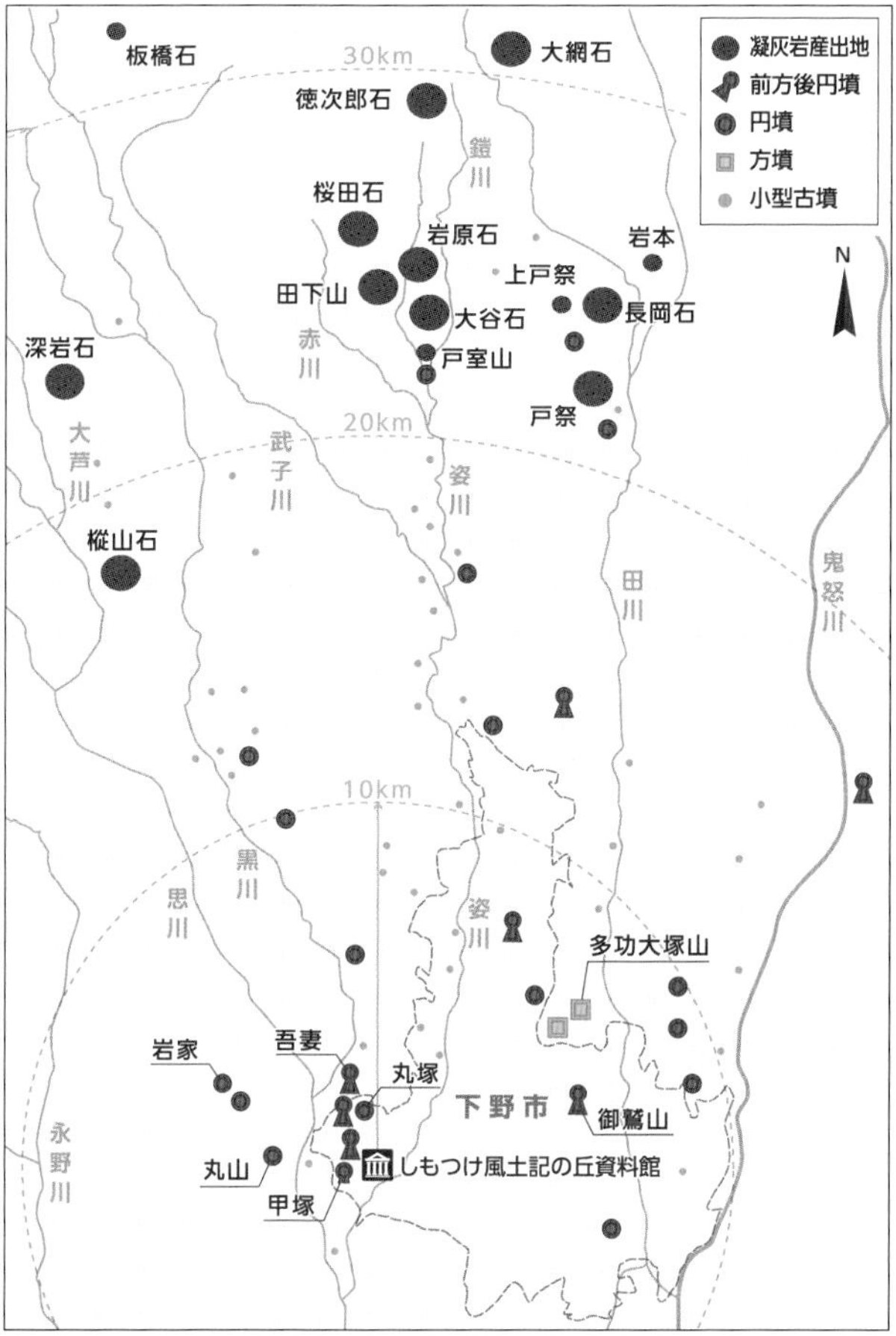

凝灰岩産出地と凝灰岩を使用した横穴式石室の分布

# 埴輪があらわすもの

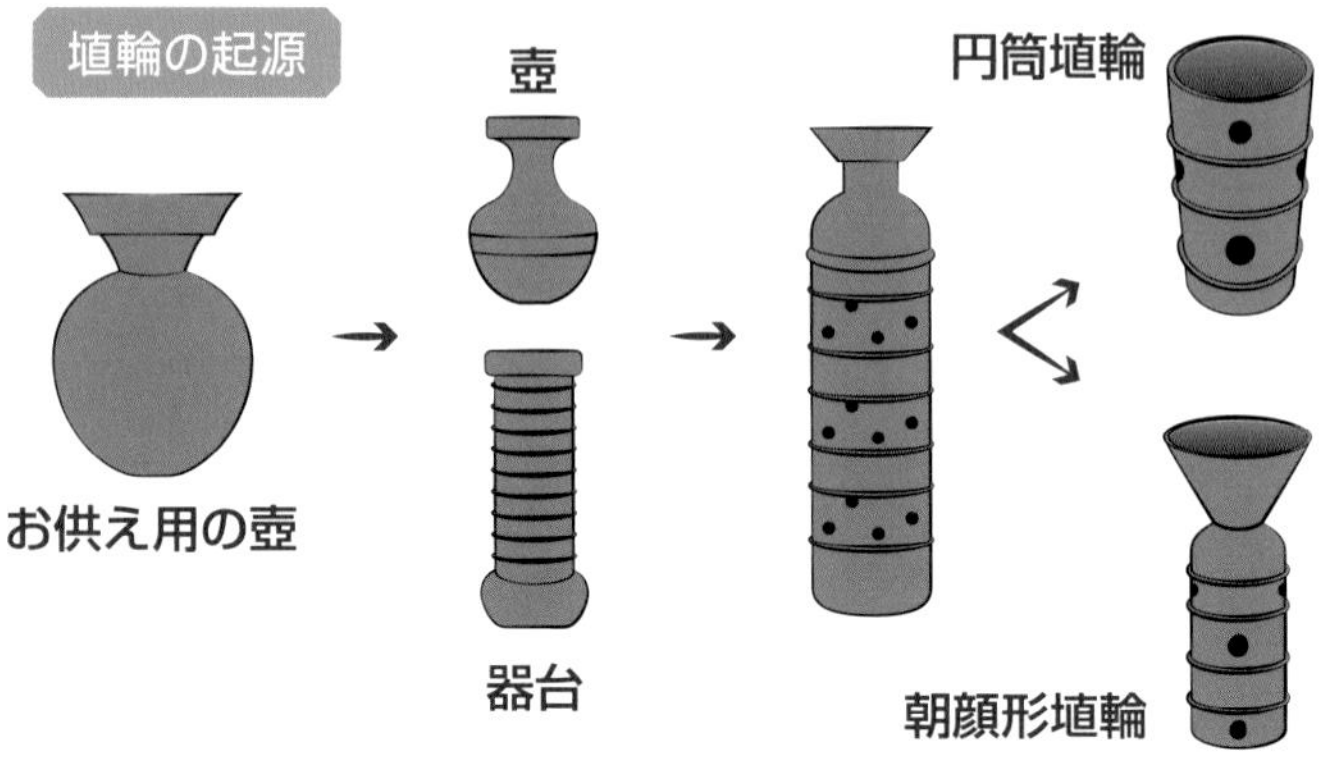


## 埴輪はなぜつくられた？

埴輪は弥生時代後半に吉備地方（岡山県）で首長墓として造られた墳丘墓に用いられた葬送用具から発展したものと考えられています。この地方の王墓を発掘調査をすると、死者となった王やその祖先の霊などへお供えされた壺とそれらを載せた土製の台座が出土します。これらの台座は当初実用的なものでしたが、しだいに弧を描くような透かしや華やかな装飾が加えられ、徐々に大きくなり、実用から儀礼用へと変化しました。

この壺と器台は、ヤマト政権が王の墓のシンボルとして採用した前方後円墳で行う儀式用アイテムの1つに採用されました。しかし、吉備地方のそれまでの王墓とは比較にならないくらい大きな前方後円墳では、そこで使用される葬送用の壺と器台は膨大な数になりました。大量生産のために器台のかたちは簡略化され、筒形の円筒埴輪がつくられました。また、当初は器台の上に内容物を入れた壺を載せていましたが、時代が進むと器台に載せる壺の底が打ち欠かれるようになり、その後は当初から底に穴が開けられた、内容物を入れることができない壺形の土器が用いられ、その後は壺の形も省略して器台の口縁部を壺の口縁部に模した朝顔形埴輪がつくられました。

円筒埴輪や朝顔形埴輪には複数の円

形の透かし孔があります。これらは弥生時代の特殊器台に施されていた弧帯文(連続して弧を描く文様)に付けられた透かし飾りの残存形態と考えられています。考古学者の水野正好は「延々と連続する弧帯文は、墓に侵入しようとする魔物の目をくらまし、封じる意味があり、壺に並べられた酒や供物で魔物をひきつけ退散させるための儀式用具であった」と述べています。

　また、初期の円筒埴輪には、鰭《ひれ》とよばれる板状の出っ張りが円筒形の両側に付けられており、まさに墓への侵入を阻むバリケードのようなかたちをしていることから、魔物のほか人間や動物などの墳丘内への侵入をも拒んでいたように感じられます。実際に発掘調査では、円筒埴輪と朝顔形埴輪が隙間なく並べられて出土することがあり、バリケードのように見えます。

## 王権の象徴としての形象埴輪

　形象埴輪は円筒埴輪に遅れて出現します。亡くなった王の棺が埋められた墳頂部には、王の館や王の権威を示す道具を模した埴輪が配置されました。道具には王の座っていた椅子や王に差し掛けた蓋《きぬがさ》(貴人に差し掛ける傘)、王を護るための盾や刀、王の魂を運んだ船を模した埴輪などがつくられ、並べられました。奈良県橿原《かしはら》市四条古墳からは鳥形・盾形・笠形・儀仗形《ぎじょうがた》、翳《さしば》(貴人にかざす柄の長い団扇《うちわ》形の用具)、刀形、鉾形の木製埴輪(木製立物)が出土しており、土製のほかこのような木製品も使用さ

(上)鳥形木製品(奈良県橿原市四条9号墳出土、奈良県立橿原考古学研究所附属博物館蔵)
(下)木製立物(奈良県橿原市四条1号墳出土、奈良県立橿原考古学研究所附属博物館蔵)

れていたことが判明しています。

少し時間が経つと、この盾形埴輪の上部に甲を載せたものがつくられ、円筒埴輪には目鼻口が表現されたものも出現します。この顔の表現が甲と盾をセットにした埴輪に採用されたことで、盾を持った人の埴輪や武人の埴輪が出現したと考えられています。また、家形埴輪の出現とほぼ同時期に鶏や水鳥の埴輪もつくられます。水野はこれも「鶏が鳴く夜明けとともに王位継承の儀式が終了し、先代の魂は神聖な水鳥にかたちを変え飛んで行ったという観念の表象である」と述べています。

兵庫県加古川市の行者塚古墳では、古墳のくびれ部に4カ所の造出《つくりだし》が設けられ、小型の壺や笊形《ざるがた》土器のほか、魚・鳥・アケビ状・ヒシの実・獣の肉などの切り身状の食べ物を模した土製品が出土しています。三重県松阪市の宝塚古墳では、出島状の施設から船形埴輪や囲形埴輪(導水施設、湧水施設)などが出土しており、水に関する祭祀が行われていたことを示しています。

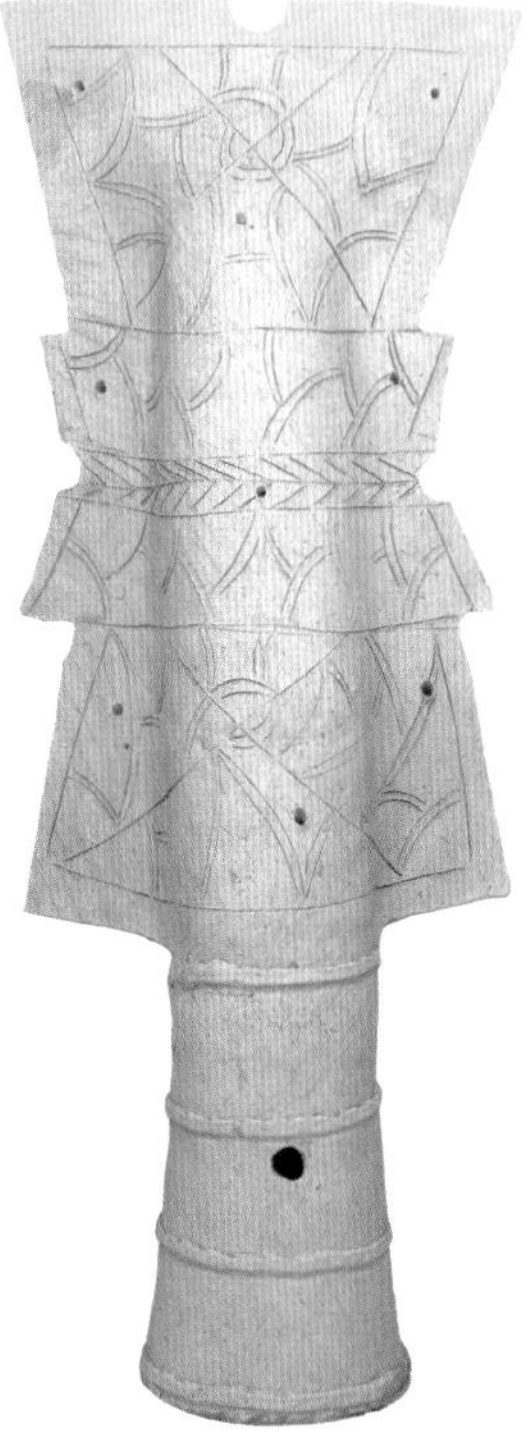

埴輪 盾(奈良県石見遺跡出土、東京国立博物館蔵:Image:TMN Image Archives)

埴輪 水鳥(大阪府羽曳野市応神天皇陵古墳出土、東京国立博物館蔵:Image:TMN Image Archives)

立体的な飾りをもつ船形埴輪
(三重県松阪市宝塚1号墳出土、松阪市教育委員会蔵)

## 人物・動物埴輪の出現

5世紀半ばになるとこれまでの埴輪による祭祀の表現方法が変化します。新たに男女のさまざまな所作や様子を表現した人物埴輪や、馬や牛、犬、猪、猿、鹿などの動物埴輪が出現します。男性では胡坐《あぐら》をかく偉そうな人、土下座する人、琴を弾く人、鷹を飼う人、馬の世話をする人や力士などが、女性では巫女、巫女に従う人、盃を差出す人、頭に壷をのせる人など、さまざまな階層と職能の人たちが表現されました。

埴輪 猿（伝・茨城県行方市大日塚古墳出土、東京国立博物館蔵：Image：TMN Image Archives）

これらの埴輪を組み合わせ、王が健在だった頃の事象を一つのシーンのように表現します。1970年代に水野は、群馬県高崎市の保渡田《ほどた》八幡塚古墳で出土した多くの埴輪について、「これらの埴輪(群)は、王位継承の儀礼を表現している」と論じました。1990年代の再調査を担当した考古学者の若狭徹は「王の生前の輝かしい姿や事象を表現したものと王が神をまつる様子などの複数の場面を結合して表現し、王の権威や財力を示すこと

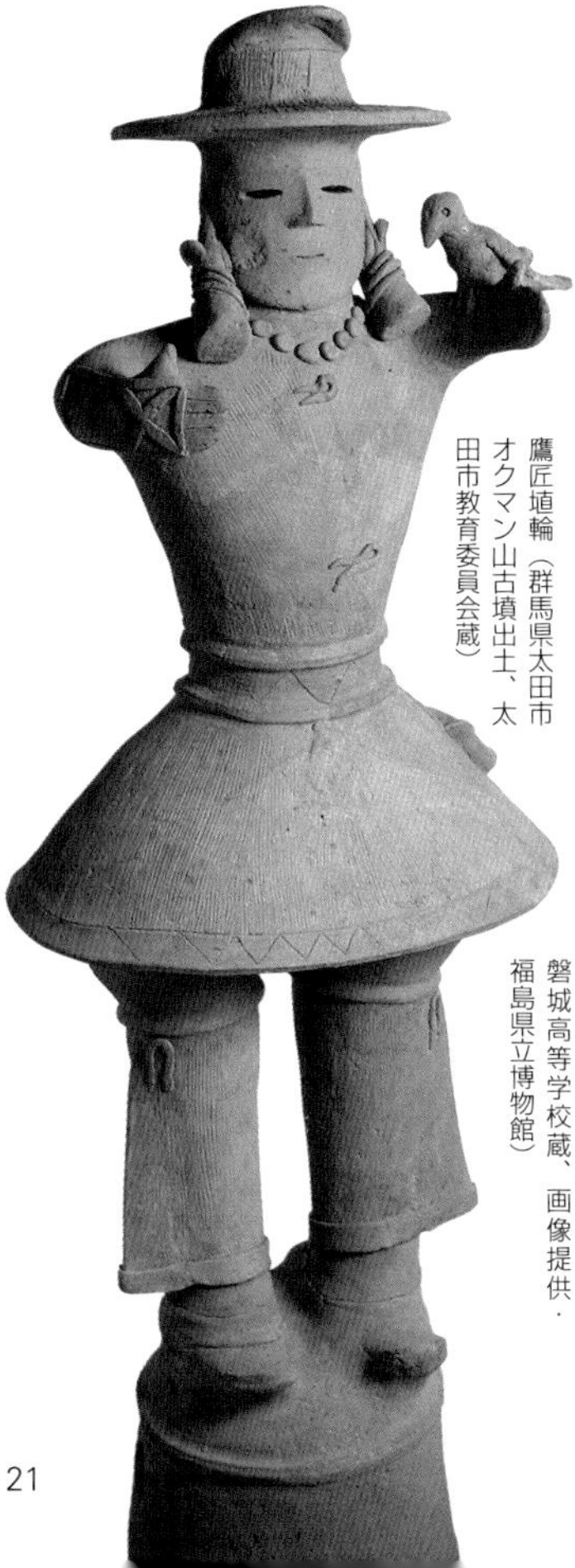

鷹匠埴輪（群馬県太田市オクマン山古墳出土、太田市教育委員会蔵）

→埴輪 男子胡座像（福島県神谷作101号墳出土、福島県立磐城高等学校蔵、画像提供・福島県立博物館）

→埴輪 杯を捧げる女子（群馬県高崎市上芝古墳出土、東京国立博物館蔵：Image：TMN Image Archives）

埴輪配列が復元整備された保渡田八幡塚古墳
（西より、写真提供・高崎市かみつけの里博物館）

で王や集団の威勢を誇示したものが埴輪群像である」と論じています（若狭2000）。

大阪府高槻市の今城塚古墳は、継体《けいたい》天皇の陵墓と考えられる巨大な古墳ですが、墳丘上や周堤上など複数の場所でさまざまな場面を表現した数十～百体規模の埴輪群が発見されています。

近畿地方では、奈良県メスリ山古墳で出土した円筒埴輪のように巨大なものもつくられました。また、形象埴輪も初期から中期頃は細部まで表現した精巧なつくりのものが多数出土し、博物館などで確認することができます。しかし、5世紀以降の近畿地方では、精巧な埴輪はあまりつくられなくなり

大刀形埴輪
（大阪府高槻市今城塚古墳出土、高槻市蔵）

ます。東国でも古墳の巨大化が進むと共に埴輪も巨大化し精巧なものがつくられるようになります。壬生町の富士山古墳は直径85ｍとそれほど大きな円墳ではありませんが、出土した家形埴輪は全国でも１・２位の規模のものです。また、馬形埴輪は関西の古墳出土のものより、群馬県や周辺の古墳から出土する埴輪の方が脚は長く大型のものが多く、武人埴輪も東国の埴輪のほうが精巧につくられているように感じられます。かつての２００円切手の武人埴輪や65円切手の馬形埴輪のデザイン原案に採用されていたのは、いずれも東国出土の埴輪のようです。

甲冑をまとった武人埴輪（埼玉県鴻巣市生出塚埴輪窯跡出土、鴻巣市教育委員会蔵）

## 全国の珍しい埴輪

形象埴輪の中には、全国的に珍しい埴輪があります。今城塚古墳からは、高床式の家、棟持ち柱を持つ家、堅魚《かつお》木《ぎ》をのせる大型入母屋《いりもや》造の家など複数の家形埴輪が出土しています。このうち一番高いものは１７０㎝もあり、日本で一番大きい家形埴輪といわれています。これらの家形埴輪には、現在の神社建築に見られるような千木《ちぎ》や堅魚木が表現されており、特別な建物を表現していると考えられています。今城塚古墳は、墳丘長１９０ｍ、周囲には二重の周溝が巡っており溝の外側と外側の総長は３５０ｍで古墳の大きさは全国50位以内に入る規模です。

千木を飾る高床入母屋造の家形埴輪
（大阪府高槻市今城塚古墳出土、高槻市蔵）

右の写真は家形埴輪の屋根の軒先を拡大したものですが、魚や鳥が描かれています。魚も鳥も埴輪がつくられていま

軒先に魚・鳥・鹿の絵を飾る高床入母屋造の家形埴輪
（大阪府高槻市今城塚古墳出土、高槻市蔵）

翳形埴輪（埼玉県熊谷市円山2号墳出土、熊谷市教育委員会蔵）

すが、双方とも何か意味のあるデザインと考えられます。そして、従者が貴人の顔を隠すために翳《かざ》す長い柄のついた団扇状の翳を模倣した埴輪もあります。ちなみに、福岡県宮若市の竹原古墳石室には翳が描かれています。

さらに福岡、大分、熊本県の九州北・中部地域や鳥取県米子市の古墳からは、人や馬、壺などを石で模ったものが出土しています。特に有名なものは、筑紫など北部九州に勢力を持っていた筑紫君磐井《つくしのきみいわい》の墓と考えられている北九州最大の岩戸山古墳（福岡県八女市・全長140mの前方後円墳）出土と伝わる多くの石人と石馬などの石造物です。

石馬（複製、福岡県八女市伝・岩戸山古墳出土、写真提供・公益財団法人 馬事文化財団）

石室に描かれた翳（福岡県宮若市竹原古墳、写真提供・宮若市教育委員会）

# 甲塚古墳出土の埴輪と土器

平成16（2004）年、国史跡下野国分寺跡の史跡整備に伴い、南西側に隣接する甲塚古墳の発掘調査が行われました。地域に伝わっていた埋蔵金伝説のため、明治時代に地域の人たちが総出で、後円部の墳頂部を4つに分断してしまいました。その際、墳丘の盛り土を外に掻き出したため、その土が埴輪列の上に堆積。結果として、その後約100年間、この堆積土が埴輪を盗掘などから守ったこととなりました。

調査により出土した埴輪は、古墳築造時の原位置を保った状態で確認され、さらに、前方部前端に配置された横穴式石室の西側の墳丘第一段上には、須恵器高坏・土師器高坏、須恵器大甕などが儀式のために置かれた状態で出土しました。

これらの出土遺物は、下野型古墳の特徴である平坦で幅の広い墳丘第一段における埴輪列の在り方、葬送に関連する儀礼と想定される行為の状況を示す遺物群として、出土遺物のうち97点が平成29（2017）年、重要文化財に指定されました。

この中には、国内で初めて確認された機織りを行っている女性を表現した形象埴輪をはじめ、4色の彩色が残る人物や馬などの形象埴輪などが含まれ、これらは古墳時代を知る上で貴重な資料となっています。

甲塚古墳出土人物埴輪（小川忠博氏撮影）

## 機織りを行っている女性を表現した形象埴輪

これまで全国の複数の遺跡から、古墳時代の機織り機の部品と想定されていた木製品は出土していました。また、古墳時代以降の機織り機を模したものとして、世界遺産福岡県沖ノ島祭祀遺跡から出土した金銅製の雛形高機（宗像大社蔵）は知られていましたが、この埴輪はそれ以前の機織り機とその作業状況を示す事例となりました。この資料により、当時の機織り機の構造が、現代の結城紬などの生産に用いられる機織り機とほとんど変化していないことが判明しました。

金銅製雛形高機（福岡県宗像市伝・沖ノ島4号遺跡出土、宗像大社蔵）

ＣＧで彩色復原した機織形埴輪（当市甲塚古墳出土）

この地機《じばた》（有機台腰機）を表現した埴輪と並んで、原始機・無機台腰機や弥生機と呼ばれる織り手の身体により、経糸の張り具合を決める織り方を表現した埴輪も出土しました。この新旧の織り方を表現した埴輪が形象埴輪の列のほぼ中心に配置されていることから、被葬者は、機織りに深くかかわっていた人物と推測されています。

機を織る女性は、白地に赤い水玉模様の上着、赤い縁取りの「市松模様」の裳（スカート）を身にまとい、分銅形の髷の中央には編み込みの表現がなされ、腕には釧《くしろ》（ブレスレット）を付けています。

群馬県伊勢崎市の石山南古墳から出土した女性埴輪の髷の形状はいわゆる分銅形で、甲塚古墳出土の女性埴輪の髷の形状と酷似します。同古墳から出土した馬形埴輪も、鬣《たてがみ》の形状や脚の長いプロポーションなどが類似しています。高崎市中原Ⅱ遺跡1号墳出土の馬形埴輪も脚が長く類似するプロポーションであり、この時期の毛野地域の馬形埴輪の特徴を示していると考えられ、甲塚古墳から出土した埴輪の工人も毛野（上毛野）で技術を習得したのかもしれません。

## 大量の土器類と葬送儀礼

形象埴輪列の前方（南側）で、大量の土器類が出土しました。その種類は土師器（坏、高坏）、須恵器（坏、無蓋《むがい》高坏、有蓋高坏、蓋、大甕、脚付長頸壷）などで、出土した土器の点数は、土師器坏130～140点、須恵器坏身11～17点、土師器高坏79点、須恵器有蓋高坏29～32点、高坏蓋50点、無蓋高坏8～10点、坏蓋27～33点の合計約360点にのぼります。このうち手に持って使う食器は、土師器坏類が130～140点、須恵器坏類が約50点の合計約200点となります。

手で持って使う食器には蓋と身の2種類があり、同じ大きさなので2個で1セットと考えられます。身の口縁部は蓋を受けるため内側に内傾し、受け部は外側に出っ張っていることから液体のものを飲むのには向いていません。蓋は逆さにして使うと埦のような形状になるため、飲み物を飲むのには向いています。よって、身の方を固形物、蓋の方を液体の飲み物用として2個1セット使用したと仮定すると、おおよそ100人分の食器が出土したことになります。

これらの食器は高坏などを置いて使う土器に比べると破損率が高く、意図

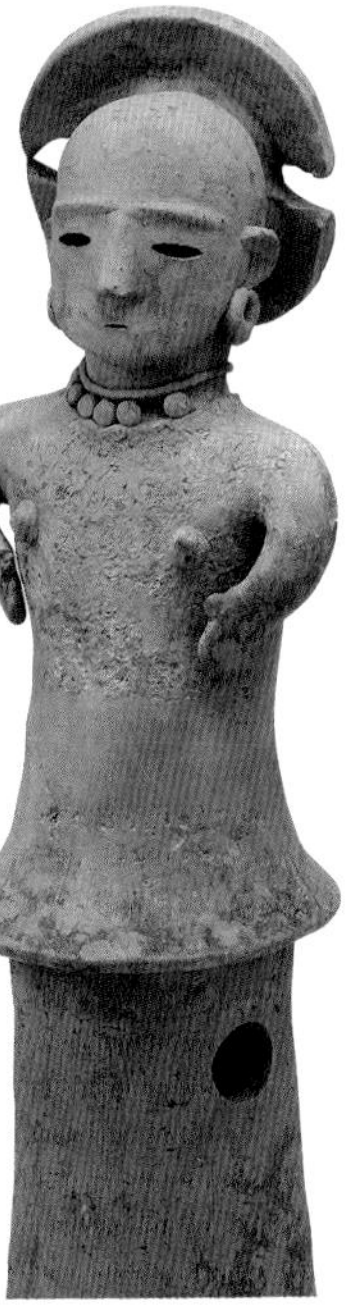

正装した女性の埴輪（群馬県伊勢崎市石山南古墳出土、群馬大学共同教育学部蔵、写真提供・群馬県立歴史博物館）

女性埴輪（当市甲塚古墳出土：小川忠博氏撮影）

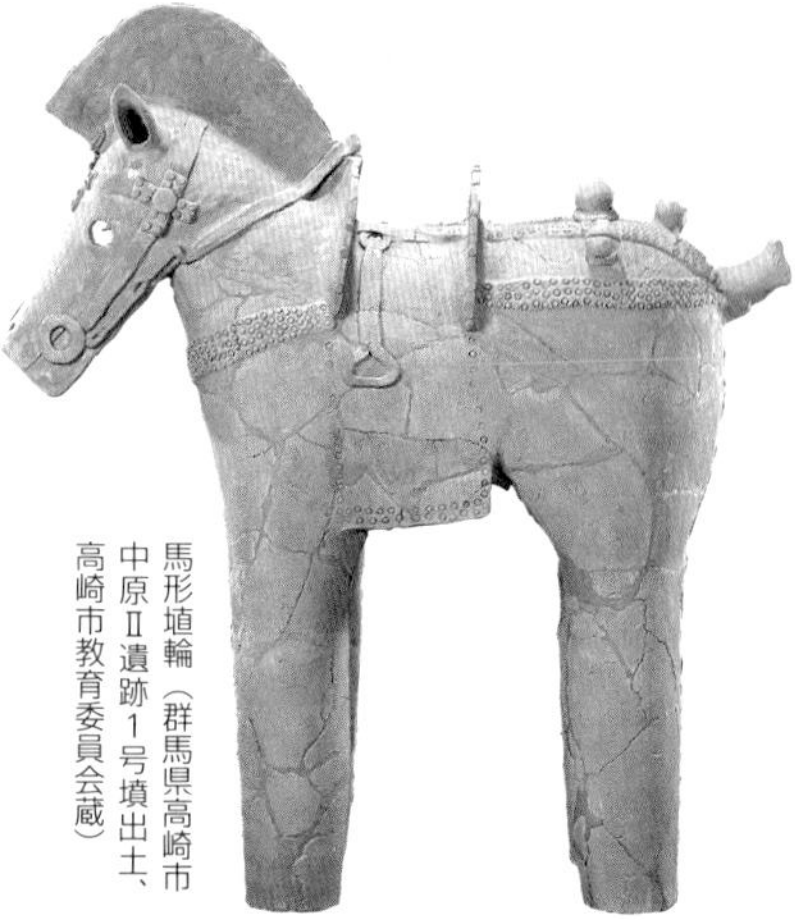

馬形埴輪（群馬県高崎市中原Ⅱ遺跡1号墳出土、高崎市教育委員会蔵）

的に割られたと考えられます。また、この高坏の南東側には、須恵器脚付《きゃくつき》長頸壺《ちょうけいこ》と須恵器甕が置かれていました。須恵器甕は棒状のもので上から突いて底を抜き、上半部を埴輪列に向かって投げつけたため、破片が飛び散った状況で出土しました。

ここからは推測ですが、この古墳に埋葬される有力者の葬送におよそ100人が集まり、飲食の最後に液体（酒か？）が入っていた須恵器甕を割り、手にした器を投げ割ってこの集まりは終了したと考えられます。置かれた高坏には死者やその先祖に捧げた食物などが盛られたのかもしれません。群馬県や兵庫県の古墳からは、土で作った魚や団子《だんご》などの食物を模したものが高坏と一緒に出土しています。

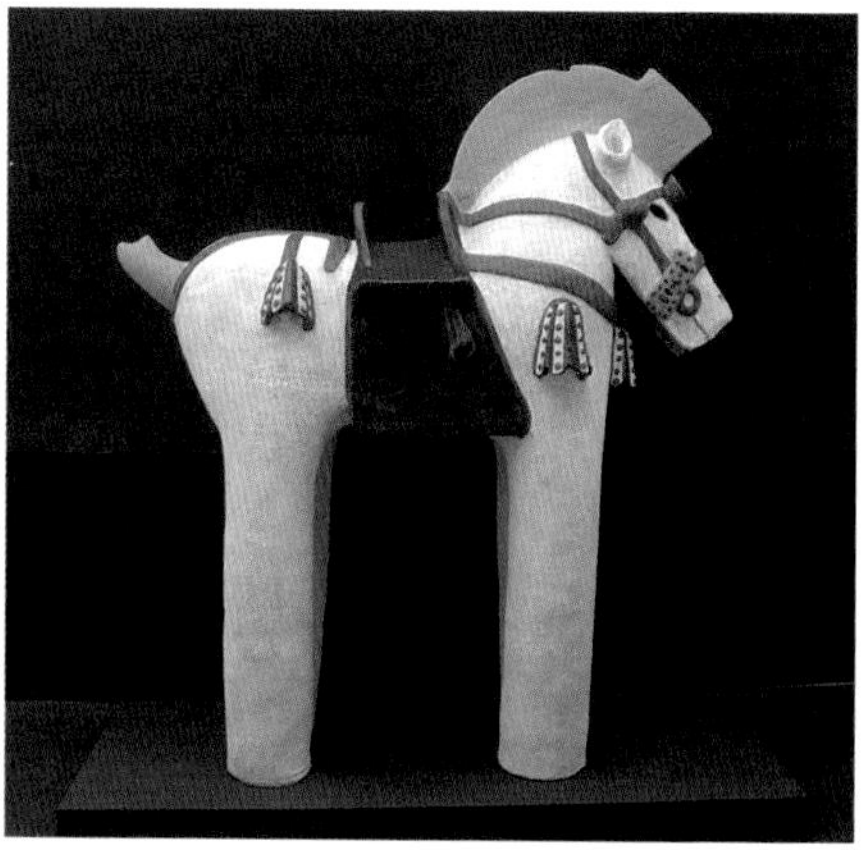

彩色復原した馬形埴輪（模型、当市甲塚古墳出土）

甲塚古墳出土土器（小川忠博氏撮影）

# Ⅱ 飛鳥時代

倭から日本へと国号が変わり、国内では大きな制度改革が行われ、710年に平城京へ遷都するまでの7世紀を「飛鳥時代」と時代区分します。

西暦581年、隋《ずい》の成立により東アジア諸国は緊張状態となります。朝鮮半島の三国（高句麗「こうくり、コグリョ」・百済「くだら、ペクチェ」・新羅「しらぎ、シルラ」）と倭（日本）は、歴史の激流に呑み込まれ、各国とも世界へ目を向けざるを得なくなります。倭国も西暦600年以降、数度にわたり隋へ使者を派遣し、隋や半島諸国の先進的な政治や文化を取り入れ、自国の遅れを取り戻そうとします。その新たな波は、政治・経済に関するシステムだけでなく、最新の技術とともに、東アジアの各国が信仰を深めていた仏教の教義や文化などとともにやって来ました。

592年、女帝推古（大王）が飛鳥豊浦宮《あすかとゆらのみや》で即位します。それから約1世紀にわたり、飛鳥・難波・藤原（新益京）の地が激動の古代政治史の舞台となりました。倭（日本）が東アジアの国々と対等に渡り合える新たな国を目指すべく、蘇我馬子や厩戸《うまやどの》皇子《みこ》（聖徳太子）は隋や三国の制度を積極的に取り入れるため遣隋使を派遣し、冠位十二階や十七条憲法などを制定しました。

663年、倭国は百済救済のために派兵しますが、白村江《はくそんこう》の戦いで唐・新羅連合軍に大敗を喫します。この敗戦によりこれまでの国家体制の矛盾が露呈し、天智天皇は改めて唐・新羅などの先進的な政治制度である律令制の導入を模索します。遣隋使や遣唐使により伝えられた新たな政治制度や文化による急激な変化は、国内でさまざまな軋轢《あつれき》を生み出す要因となりました。

672年、王位継承問題から古代国内最大の内乱へと発展した壬申《じんしん》の乱などを経て、天武・持統朝期に天皇を中心とする中央集権的な律令国家の仕組みが整備されました。天武天皇即位から10年が経過した680年代に具現化された律令国家建設として、「新益京《あらましのみやこ》」と称された藤原京の造営が本格化します。それまでの都である飛鳥浄御原宮《あすかのきよみはらのみや》は地形的な制約のため、首都機能集約や官僚制の整備に伴う官庁街の拡張は困難とされ、さらに飛鳥に残る旧来からの豪族の勢力をけん制する目的も新都建設の要因の一つとされました。途中、複都制により難波宮も整備されますが、天武天皇の遺志を受け継いだ持統天皇が新都建設を推進し、建設開始から10年以上の歳月を経た持統8(694)年に藤原宮へと遷都が行われました。

都や政治機構の整備とともに、経済の根幹である貨幣(富本銭《ふほんせん》)の発行やこの国の行政・司法の骨格となる法律=「律令」の編さんも同時に進められました。この法整備事業には藤原不比等をはじめ、渡来系氏族を含む19人が選ばれ、その中に当地と深い関わりをもつ下毛野朝臣古麻呂《しもつけのあそんこまろ》がいました。古代東国に関する人物で、その生涯の功績を追える人材は稀有であり、古麻呂とともに、石代《いわしろ》や虫麻呂を輩出した下毛野朝臣一族は、古代日本の政治や文化の進展にも大きく関与していたと考えられます。彼らが活躍した飛鳥時代とはどのような時代だったのか、紐解いていきましょう。

# 倭国から日本へ ―新しい国のかたち―

## 国造と氏

6世紀前半の継体朝から6世紀後半の欽明《きんめい》朝期頃に、ヤマト政権は国造制を導入します。国の造《みやつこ》は「御奴」を意味し、ヤマトに隷属する首長の意味と解釈されています。教科書などで国造は「国造制が成立すると地方豪族は、国造というヤマト政権の地方官に任命され地方支配を行った」と記されています。『先代旧事本紀《せんだいくじほんぎ》』に収められた「国造本紀」には、ヤマトの支配が及んだ地域の国造として135名が記されており、信濃・遠江以東の東国の国造として27名が記されています（无邪志国造と胸刺国造は同一の可能性が高いと考えられており27名）。

この制度確立の背景には、527年に九州で起こった筑紫の君磐井の乱と534年に東国で起きた武蔵国造の内乱が深くかかわっており、磐井の乱は翌年、征討将軍物部麁鹿火《もののべのあらかび》により鎮圧されます。武蔵国造の乱は、武蔵国造笠原直使主《あたいおみ》と同族の小杵《おき》による国造の地位を巡る内紛で、小杵は隣国の上毛野君小熊と組んで使主を殺害しようとします。使主はヤマト政権に救いを求め小杵を破り、その見返りとして4カ所の屯倉《みやけ》を献上しています。つまり、いずれの反乱も中央政府軍の介入により、鎮圧されたわけです。

『日本書紀』の安閑《あんかん》天皇の534～5年の間に、30カ所の屯倉を諸国に一

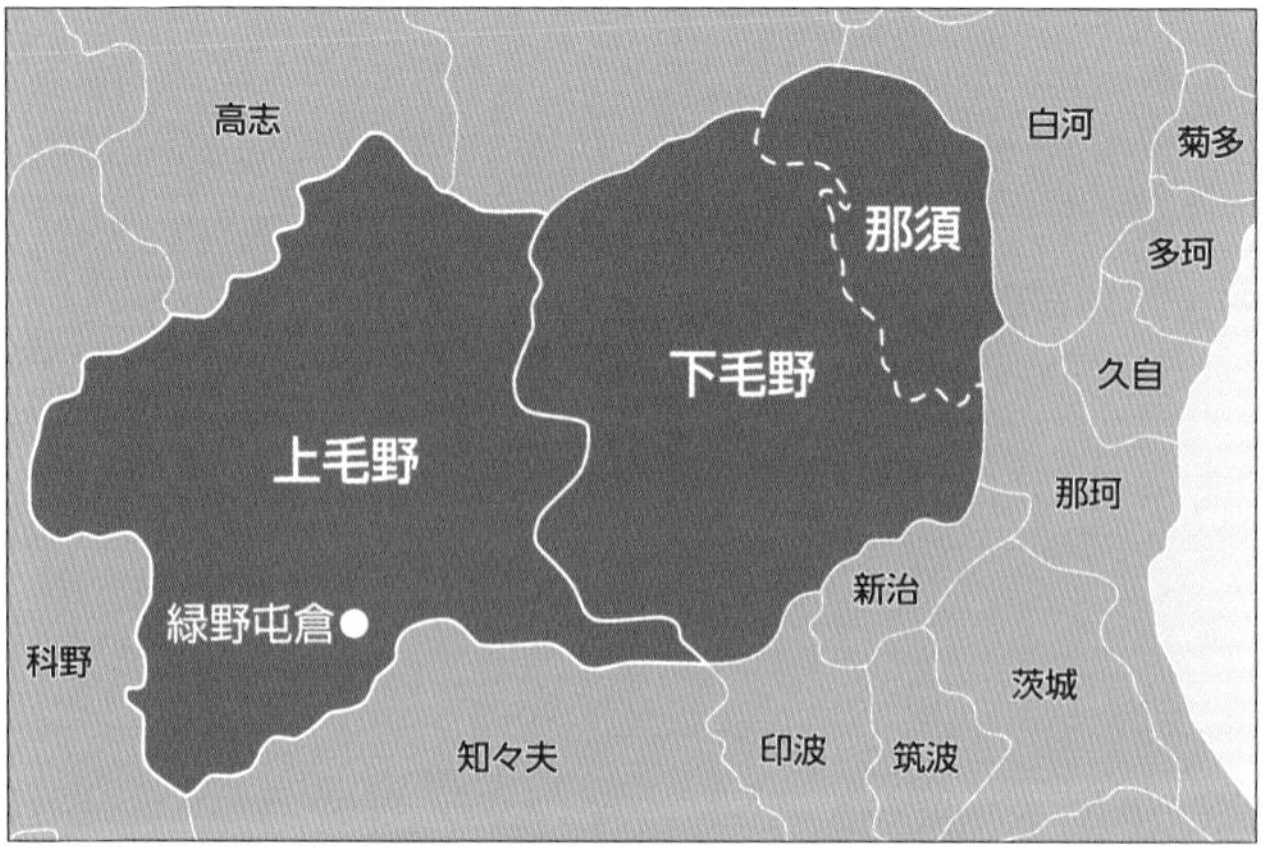


上毛野と下毛野（栃木県教育委員会事務局文化財課「とちぎいにしえの回廊1・しもつけの夜明け」パンフレットを一部改変）

斉に設置したという記事があり、上毛野国の緑野屯倉《みどののみやけ》もこの時に設置されています。これは武蔵国造の乱に関与し、敗北した上毛野君が所有する要衝の地を割譲させたことになります。この各地への屯倉の設置は、旧来からの地方豪族が持つ勢力に中央側の橋頭保としての楔を打ち込み、地方勢力への監視体制を作り上げた結果となりました。同様に造山古墳（岡山県岡山市北区）・作山古墳（岡山県総社市）をはじめ、数々の巨大前方後円墳を築造した吉備国造一族が統治した山陽道吉備地方でも欽明天皇・敏達《ひだつ》天皇期に白猪屯倉《しらいのみやけ》が配置されました。このように、6世紀前半に続けて起きた地方勢力の反乱鎮圧を契機に、ヤマト政権は地方支配の強化を図る政策の一環として国造制を導入し、主要地域に屯倉を配置しました。

## 台頭する下毛野君

東国の27国造の中で、上毛野国造と下毛野国造だけがウジ名＋「君」で、那須、上総、下総、常陸国の国造の多くは那須直や石城直のように、小地域の名を冠していました。さらに壬生直、丈部直のように部（部民）に関わる姓＋「直」の姓を持つ地方の伴造が国造に任じられていることから、少なくても国造は三層以上の階層で構成されたようです。歴史学者の石母田正は、これらの国造をその規模の違いにより、大国造と小国造と分けて考察しています。

下毛野国造が支配した地域と現在の

「壬申の乱」武人復原（写真提供・奈良文化財研究所）

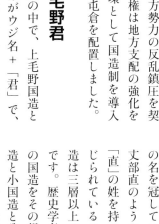

福島県以北の蝦夷とされた地域の間の那須国に那須国造が配置されました。この那須国造の存在を示す重要な歴史資料が国宝那須国造碑《なすのくにのみやつこのひ》です。那須直一族は在地首長として、国造就任以前から当地域に対して行政権・裁判権・軍事権・祭祀権などの権限を有していたと考えられます。しかし、碑文から読み取れるように、689年、那須国は下毛野国に併合され、那須直《なすのあたい》韋提《いで》は国造の権限を失い、国造の下位の「評督」に任命されます。那須直一族は、現在の栃木県北東部の那珂川流域を拠点に勢力を持っていた氏族ですが、鬼怒川以南を支配していた下毛野君一族が下毛野一国を総領する国造に任じられたため、その勢力下に組み込まれたわけです。これは両国造の支配する領域の差、さまざまな生産力の差、それぞれの領域内の設けられた屯倉や部の差と考えられ、後期・終末期古墳数や規模に関する差もこれを明示していると考えられます。また、那珂川流域に多く分布する横穴墓を構築した集団と後の河内郡域の宇都宮市域に長岡百穴を構築した階層など、那須国と下毛野国における階層の比較などは両地域を考える上で着眼点になると思われます。

那須国造碑
（複製、原資料：笠石神社、写真提供・所蔵：栃木県立博物館）

天武《てんむ》13（684）年、新たな身分秩序である「八色《やくさ》の姓《かばね》」が導入されると、列島各地を治める豪族52氏（君）は、最高位の「朝臣《あそん》」を授けられました（上位の真人の姓は皇統に属する氏族に授けられました）。下毛野君もこの52の豪族中の一氏族として、「君」から「朝臣」へとなり、名実ともに下毛野国一国を統治する氏族として頭角を現します。

## 地方統治の変化

6世紀の継体～用明《ようめい》・崇峻《すしゅん》朝期は、ヤマト政権そのものに構造的な変化が起こります。中央・地方を問わず、旧来の豪族がその勢力を失い、代わりに大伴・物部・蘇我氏など新たな豪族が勢力を伸ばします。王権に組み込まれた地方豪族には、国造や県主という姓と田荘《たどころ》（私有地）と部曲《かきべ》（農民集団）を統治する権限、その構成員である部民の所有権が与えられました。また、この部曲の一部には、大王家の后妃や王子、宮の経営のために資材を調達した名《な》代《しろ》・子代《こしろ》・品部《しなべ》と呼ばれる部（部民）も含まれていました。さらに、この部には地方豪族の子弟が舎人《とねり》（近習）・靫負《ゆげい》（武人）・膳夫《かしわで》（料理人）などとして宮に仕え王権に奉仕しました。品部には馬養部、犬養部、鍛冶部《かぬちべ》、錦織部《にしきおりべ》、服部《はとりべ》など特定の技能を有した渡来系技術民による集団（伴）があり、その集団を統括した者を伴部・伴造とよびました。

このほか、政権側に付かず勢力を失った旧来の地方豪族が支配していた土地には、新たに屯倉が置かれ、その屯倉の経営や耕作は部民や田部と呼ばれる農業従事者が行いました。

## 大化の改新（乙巳の変）と地方支配

645年6月、飛鳥板蓋宮《あすかのいたぶきのみや》において中大兄皇子・中臣鎌足らによって蘇我蝦夷・入鹿親子が討たれる事件（乙巳の変）が起こります。その2カ月後の8月、政府は「東国国司」*1を「東方八道」に派遣します。

「東国国司」の役割として、次の6点が挙げられます。

①任地で「戸籍」の作成、田の面積を調査（校田）
②在地の状況調査報告
③任地の武器（武器庫）の管理
④武器の一部を持ち帰る
⑤任地で貢納物を集め持ち帰る
⑥国造と郡領（評司）の候補者を伴って上京

この派遣をきっかけに新政権は、新しい地方制度（評制の施行）や地方官（評造）の候補者を定め、国造が支配していたクニを「評《こおり》」*2（おおよそ今の市町村レベル）として複数に分割、旧国造の権限を一つの評（支配領域内）にのみ制限しました。

現在の研究では、この東国国司（国司は『日本書紀』の潤色で、国宰あるいは惣領と考えられます）の派遣を契機に評が成立したと考えられています。このような制度改革の中で、那須国造が治めていた那須は下毛野国に組み込まれ「那須評」となりました。

常陸国の場合、『常陸国風土記』から、当時の常陸国内の様相を推測することができますが、下毛野国の場合、史料が少ないため評の実態は判然としません。藤原京跡から「芳宜（芳賀）評」、「那須（奈須）評」と記された木簡が出土し、正倉院に宝物として残されている箭刻に「下毛野奈須評」銘の文字資料があることから、これらから下毛野国にも評制が敷かれ、他地方と同様の統治が行われていたことがわかります。

*1『日本書紀』の記述。本来は「国宰」、『常陸国風土記』では「総領」と記載。
*2「評」は百済の行政区画が起源。大宝元（701）年、評から「郡」に変更。

## 郡評論争

『日本書紀』には、大化2（646）年正月1日に発せられた、改新の詔の記事が採録されています。この詔を巡って、かつて研究者の間で「郡評論争」と呼ばれた論争が繰り広げられました。この論争は養老4（720）年頃、大化年間からは70数年後、大宝律令制度の完成からでも20年数年が経過した時期に『日本書紀』が成立したという考えから、①大宝令に沿って内容の書き換えが行われたため信憑性が低い、②それとは逆にある程度の信ぴょう性は確保できる、という大きく2つの考え方が論点となりました。また、改新の詔の文中に郡の等級や郡司の任用、「郡少領」などの用語が掲載されていますが、同時期の史料には郡の文字は記されておらず、郡に相当する地方組織を「評」と記したものが存在することからどちらの用字が正しいのかという議論も繰り広げられました。しかし、現在、この論争は新たな史料の増加により、ほぼ終止符が置かれました。地中から出土する当時の記録である木簡は、後の改きゅうが無いことから信ぴょう性が高く、特に大宝律令の施行前後の時期に首都であった藤原宮跡から出土する木簡は、重要な文字資料として研究が進められています。

## 7世紀の地方制度

郡評論争で争点となった地方組織名称「評」の表記については、現在、藤原宮跡から出土する木簡などを根拠に、大宝律令施行前に「評」が使われ、7世紀には「評」であった組織が、大宝令の施行後に「郡」に変更されていったと考えられています。

『常陸国風土記』では、大化5（649）年に設置された評が白雉《はくち》4（653）年に再編成されています。また、国造に任命された地方豪族から評の再編に関する申請があり、政府派遣の上級官の施策と地方豪族らにより評の編成が進められました。地方にも徹底して中央

7世紀後半から8世紀前半ころの役所「評家」と想定されている西下谷田遺跡（南上空から、写真提供・栃木県教育委員会）

政府の方針が周知され、その政策により設置された施設には、「評家」「郡家《ぐうけ》」「駅家」「烽家」など「□＋家」の用語が用いられました。東国では郡家以外の施設は、未だに調査事例が少なく解明が進んでいませんが、この時期の公的施設と想定される西下谷田《にししもやた》遺跡（宇都宮市・下野市・上三川町）は、評家の可能性が指摘されています。

評家には、那須国造碑文の「評督」のように地方豪族から選任された長官・次官などのほか、さまざまな職務に従事する職員が多数勤務していたと考えられます。後に郡家に移行される組織が、この時期から整備されつつあったと考えられます。

## 五十戸から里へ

孝徳朝の評制施行によって国造制が再編され、「評」の下位に「五十戸《さと》」（「ごじっこ」とも）という行政組織が設けられました。この制度により地方は、国造—評造—五十戸造（クニ—コホリ—サト）という3段階の組織で統治されました。7世紀の貢進物付札木簡には「里」以外に「五十戸」という表記もみられ、さらに各地から「五十戸」と記されている木簡や文字資料などが出土しています。701年以降、評は郡に改められますが、那珂川町那須官衙《かんが》跡周辺の遺跡から、焼成前の瓦に「山田五十戸」と線刻した文字瓦が出土しています。国造碑やこれら資料は東国の那須国でも他地域同様に評制や「五十戸」制の導入が行われていたことを示してくれます。

五十戸と里を併記した後に、五十戸は「里」と記されるようになります。藤原京出土の付札木簡の表記から、天武12（683）年頃には既に「里」の表記がなされていたと考えられています。

# 地方を整える

## 国境と国名

天智9（670）年、庚午年籍《こうごねんじゃく》の作成を契機に、地方行政組織の上席に中央から宰《ミコトモチ》が派遣される制度が成立したと考えられています。このほか、納税者把握のため戸籍を作成し、王族・氏族が所有する品部を廃止する代わりに「百官」や「位階」制を設け、さらに品部の所有者に官位を授けるという詔も出されました。

『日本書紀』の記事には、天武12（683）～14（685）年に諸国の境界を定めるため、官人と技術者を各地に派遣し、国境の画定事業をすすめたと記されています。この事業により、中央の命を受けた国宰の管理する国（令制国）が成立し、それにより国造制が廃止されたと考えられています。

近年、奈良県飛鳥石神遺跡から国の成立が665年頃と想定される木簡が出土しました。現在、これらの史料などから600年代後半には後の律令制につながる令国の成立と国名の決定も行われたと想定されています。上毛野国・下毛野国の国名は上毛野国造・下毛野国造から、また、相模・安房・武蔵国も相武国造、阿波国造・無邪志国造の名に由来すると考えられます。

当初、国名の表記には統一性がなかったようで上毛野、下毛野などと表記されましたが、奈良時代の慶雲元（704）年4月、諸国の名称は2文字と決められ、さらにこの2文字も嘉字（めでたい字）を使用するよう指示があり、上毛野、下毛野は毛を抜いた「上野」「下野」となりました。また、東国の国名で後の東山道に所属する国には「野」が付く国名が多く（美濃〈御野〉・信濃〈科野〉・上毛野・下毛野）、東海道には（遠淡海〈遠江〉・三河・駿河）など「川」や「水」に関する国名が多いとの指摘もあります（川尻2017）。東大寺正倉院などには、この2文字の公印が押された資料が残されています。

## 渡り来る人

古墳時代中期の5世紀頃、渡来人が製鉄や須恵器、布の生産、馬の育成などの技術や文字を使う文化、竪穴住居へのカマド導入などといった新たな生活様式を伝えました。宇都宮市南部から上三川町に広がる東谷《とうや》・中島地区遺跡群の権現山遺跡では、豪族居館跡と

古墳時代の鍛冶遺構や渡来系遺物が確認された宇都宮市権現山遺跡（写真提供・栃木県教育委員会）

新羅土器・陶質土器（西下谷田遺跡出土：小川忠博氏撮影、写真提供・所蔵：栃木県教育委員会）

想定される遺構、鍛冶に関する遺構や遺物、朝鮮半島南部の加耶《かや》地域産の陶質《とうしつ》土器などとともに、初期の馬具や鉄鐸などが確認されています。これらの資料から長野県や群馬県と同様、当地にもこの時期頃から渡来系の人々が移り住んだと推定されています。

『日本書紀』には、687年に新羅人14人を、690年にも下毛野に新羅人を移り住まわせたという移配に関する記事が残されており、これら以外にも相当数の人々の移配があったと考えられます。また、これらの記録を裏付けるように、下毛野国の中心地域（壬生町・宇都宮市南部）からは、7世紀の中～後期頃に韓半島で生産された新羅土器やそれを模倣したものが多く出土します。下野薬師寺の創建に関わりをもつ落内遺跡や西下谷田遺跡のほか、惣宮《そうみや》遺跡（壬生町）・郭内《くるわうち》遺跡（下野市）、前田遺跡（宇都宮市）などの集落跡からも複数の新羅系土器が出土しています。中でも西下谷田遺跡は、7世紀後半から8世紀前半頃の評の役所（評家）とも想定されており、隣接する集落跡からは新羅系土器のほか新羅国の官位を示す文字が線刻された土器片なども出土しています。

考古学者の重見泰は「大宰府、難波の宮、飛鳥など当時の国家の中枢機構が置かれた地域から出土する半島系の土器には日常に使用されるものと共に上級階層の人々の使用が想定されものが含まれるが、下毛野地域の出土資料にはそのような奢侈品は見当たらない」と指摘しています（重見2012）。その指摘から推測すると、当地域に移配された人々の多くは、大規模な開発や公的施設・寺院の建設などに必要とされた、渡来系の技術を有した実務的な人々が多かったと考えられます。

また、那須国造碑に記されている「永昌元年」（689／持統3年）の「永昌」は、当時の唐や新羅で使用された年号で、碑文152文字は六朝《りくちょう》風（北魏風）という大陸由来の古い書風で刻まれており、この碑文の製作にも渡来系の人々の技術が用いられたと想定されています。渡来系の人々の技術は、ものづくりの技術だけでなく、文化や知識などさまざまな方面にも達していました。

後の奈良時代になりますが、『続日本紀《しょくにほんぎ》』に天平21（749）年の記事に陸奥国小田郡（現在の宮城県遠田郡東部）で、奈良東大寺大仏建立に使用する塗金用の砂金が発見され、陸奥守百済王敬福が報告、献上したとあります。『東大寺要録』には、天平19（747）年に那須地方で

唐の年号「永昌元年」（689年）が刻まれ、渡来系の人びとと深い関係を示す資料でもある（那須国造碑［部分］、原資料：笠石神社、写真提供・栃木県立博物館）→

も同様に大仏塗金用の金が産出したという記事が記されています。

飛鳥時代の新たな国づくりを目指す国家戦略は、明治時代の殖産興業政策同様、さまざまな技術や新な知識が必要とされました。その一つが、東北地方や那須、八溝地域の鉱物資源確保を目的とした鉱物などの採掘に関する技術と知識を有した渡来人の移配であり、中央に従わない対東北政策の最前線である下毛野に対して、中央の政府機能と直結した行政機構の構築、権威を表象する公的施設の建設、税物となりうる農業生産物や織物などの増産、物資輸送の基地的役割の構築に見合った知識と技術を有した渡来人を含めたさまざまな人材の移配を行いました。これらの政策は、国内最大の内戦といわれる壬申の乱(672年)を制した天武天皇による親新羅外交政策の展開によるものと考えられ、さらに倭(ヤマト)に移り住んだ最新技術を持った渡来系の人々によって成されたものと考えられます。

## 天皇号と年号と那須国造碑

国造碑に刻まれている永昌元(689)年の紀年銘は、唐や朝鮮半島の新羅で使用された年号です。国内では「大宝」が701年に最初の年号として定められました。それをさかのぼる「永昌」は公式に使用されたものではありません。それ故、689年には年号がないため持統3年と表記されます。これは687年に持統天皇が即位し、3年目という数え方になります。「持統天皇の即位」と書きましたが、「天皇」という称号は何時から使われていたのかが問題となります。これまで法隆寺金堂に祀られている薬師如来の光背銘文により、推古天皇が最初に天皇の称号を使用したという説が定説化されてきました。しかし最近の研究では、飛鳥池遺跡(奈良県明日香村)の天武朝期の遺構から出土した「天皇」銘木簡などから、天皇の称号は壬申の乱(672年)後に律令国家体制の整備が進み、飛鳥浄御原令の制定がなされた頃から使用されはじめたと考えられています。

＊天皇号は道教思想の「天皇大帝」が語源との説が有力です。

# 参議 式部卿 大将軍 正四位下下毛野朝臣古麻呂

## 下毛野朝臣古麻呂の登場

　下野国の歴史上実在した人物として、最初に登場するのが下毛野朝臣古麻呂です。そのウジ名のとおり下毛野国造の末裔と考えられる人物です。彼が史料に初めて登場するのは、『日本書紀』持統3（689）年10月に子麻呂（古麻呂）が奴婢600人を解放することを奏上し許されたという記事です。古麻呂はこの時、既に直広肆《じきこうし》（大宝律令では従五位下相当）の冠位を得ていました。この冠位は天武14（685）年に定められた冠位四十八階によるもので、諸臣四十八階のうち上から16階級目となります。

　また、この位階は天武13（684）年に制定された八色の姓にも関連しており、下毛野氏は八色の姓の制定により「朝臣」姓を賜わり、その翌年には中央官僚階級相当の位階を得ていることから想定すると、古麻呂はこの頃既に中央で何らかの働きをしていたと考えられます。

　ちなみにこの時、古麻呂が公務の際着用していた服の色は深紫色ですが、持統4（690）年の制度改正により赤紫色に変更されました。

　次に古麻呂の名が史料に現れるのは、およそ10年後の『続日本紀』文武4（700）年6月の律令編成に関する記事で、律令編さんプロジェクトメンバーの上位者として、刑《おさか》部《べ》親王、藤原不比等、粟田朝臣真人《あわたのあそんまひと》に次いで古麻呂の名が記されています。それぞれの位階は、不比等が直広壱《いち》

下毛野朝臣古麻呂（イメージ写真：『ビジュアル版 下野薬師寺』より）

| 603年（12階） | 647年（13階） | 649年（19階） | 664年（26階） | 685年（48階） | 701年（30階） |
|---|---|---|---|---|---|
| 推古 | 孝徳 | | 中大兄（称制） | 天武 | 文武 |
| | 大小 織（しょく） | 大小 織 | 大小 織 | （しょう）正（8階級） | 正従 一位 |
| | 大小 繡（しゅう） | 大小 繡 | 大小 縫（ぶう） | | 正従 二位 |
| | 大小 紫（し） | 大小 紫 | 大小 紫 | | 正従 三位 |
| 大小 徳（とく） | 大 錦（きん） | 大 花（か） 上下 | 大錦 上中下 | （じき）直（8階級） | 正従 四位 上下上下 |
| 大小 仁（じん） | 小 錦 | 小 花 上下 | 小錦 上中下 | | 正従 五位 上下上下 |
| 大小 礼（れい・らい） | 大 青（しょう） | 大 山（せん） 上下 | 大山 上中下 | （ごん）勤（8階級） | 正従 六位 上下上下 |
| 大小 信（しん） | 小 青 | 小 山 上下 | 小山 上中下 | （む）務（8階級） | 正従 七位 上下上下 |
| 大小 義（ぎ） | 大 黒（こく） | 大 乙（おつ） 上下 | 大乙 上中下 | （つい）追（8階級） | 正従 八位 上下上下 |
| 大小 智（ち） | 小 黒 | 小 乙 上下 | 小乙 上中下 | （しん）進（8階級） | 大小 初位（そい） 上下上下 |
| | 建武（けんむ） | 立身（りゅうしん） | 大小 建（こん） | | |

冠位十二階の制定とその後の変遷

（四十八階の上から2番目）、粟田真人が直大弐《じきだいに》（上から11番目）、古麻呂が直広参（上から14番目、約10年で2階級上がっている）と記されています。不比等はこの時中納言に任じられており、その立場から想定すると律令編さんだけでなく、多くの職務を兼務していたと考えられます。そのため、編さん事業の実務的なリーダーは粟田朝臣真人と古麻呂であったと考えられます。律令完成直後の大宝元年4月に右大弁・従四位下の階級である古麻呂が、高位高官である親王や諸臣のもとに派遣され新法の解説を行ったことから古麻呂が律令の内容をいかに熟知していたかを推測することができます。

## 友人、粟田朝臣真人

古麻呂とともに大宝律令編さんの責任者であった粟田朝臣真人は、孝徳《こうとく》朝の白雉4（653）年に学問僧として第

2次遣唐使に選ばれ、唐で学んだ経歴のある人物で、帰朝後、持統朝期には大宰大弐《だざいのだいに》（大宰府次官）として外交に従事しました。彼は大宝元（701）年の大宝律令制定後に第8次遣唐使の最高責任者である遣唐執節使に任命され、自らが編さんに関わった大宝律令を携えて難波津から瀬戸内海を経由し、那之津《なのつ》（博多津）から出港の予定でしたが、天候不順のため、出航は翌年へと順延になりました。この時の派遣は、白村江の敗戦後の669年以来30数年ぶりの本格的な使節団でした。派遣の目的は国交の回復とともに、東アジアの中で政治的に遅れを取ってきた倭に代わり、新たに「日本」の国号の使用とともに、唐の皇帝に比すべき新しい君主号として天皇の称の成立、律令による法治国家として国際的立場の確立と表明でした。しかし、唐から理解を得るにはかなりの時間が必要でした。

## 律令編さんチーム

大宝律令編さんの主要メンバーは19名で、その半数は5世紀以降の渡来人の末裔や遣唐使として渡航・留学経験者で構成されていました。また、藤原不比等、粟田朝臣真人、古麻呂、伊岐博徳、伊余部馬養など多くのメンバーは代々中央政府に使えその中核を成した大豪族から派生した人物ではなく、学問、法典、海外事情に詳しい人材や渡来系氏族出身など、家柄にとらわれない新しいタイプの人材が登用されました。

川尻秋生は古麻呂について、渡航・留学経験を持たず、しかも大学博士にもなっていて（『令義解』付録、天長3［826］年10月官符）、儒学を教授する当時の日本きっての知識人であったはずであると指摘した上で、8世紀初めの大学博士の出自の「ほとんどが渡来系の血を引く者か入唐経験者である。在地との関係も保持しつつ、学問により国家の枢要な地位に就いた人物として、古麻呂は類例のない人物である」と評しています（川尻2017）。

那須国造碑の碑文や『日本書紀』の移配記事、渡来系の遺物の出土などから推測すると、下毛野氏と渡来系の人々の関係は深く、古麻呂の身辺にも渡来系氏族出身者の存在が想定され、そこからこのような教養を身に着けることができたと思われます。

## 古麻呂の活躍①

文武《もんむ》天皇は、大宝元（701）年の元日朝賀の儀式において、刑法や行政法などをはじめとする諸制度と官僚機構や行政組織などの国家統治の仕組みが整ったことを「文物の儀、是に備れり」と表現して誇示しました。ここからも文武天皇がこの事業の推進に期待をしていたことが理解でき、その事業の功

| 位階 | | 氏名 | よみがな | 備考 |
|---|---|---|---|---|
| 浄大参 | 正五位 | 刑部親王 | おさかべみこ | 天武天皇の子、総裁 |
| 直広壱 | 正四位下 | 藤原不比等 | ふじわらふひと | 副総裁 |
| 直大弐 | 従四位上 | 粟田朝臣真人 | あわたのあそんまひと | 渡唐経験者 |
| 直広参 | 正五位下 | 下毛野朝臣古麻呂 | しもつけのあそんこまろ | 実務上責任者 |
| 直広壱 | 従五位下 | 伊余部連馬養 | いよべむらじうまかい | 撰善言司 |
| 勤大肆 | 従六位下 | 坂合部宿禰唐 | さかいべすくねもろこし | 一族に遣唐使 |
| 勤大肆 | 従六位下 | 狭井宿禰尺麻呂 | さいすくねさかまろ | 物部連と同族 |
| 勤大肆 | 従六位下 | 鍛造大角 | かぬちつくりおおすみ | 明経第一博士 |
| 勤大肆 | 従六位下 | 額田部連林 | ぬかたべむらじはやし | 伴造氏族 |
| 直広肆 | 従五位下 | 伊岐連博徳 | いきのむらじはかとこ | 「唐人」の後裔（左右京諸蕃）、遣唐使・遣新羅使 |
| 勤大壱 | 正六位上 | 薩弘格 | さつこうかく | 唐人。渡来1世 |
| 勤広参 | 従六位上 | 土師宿禰甥 | はじすくねまろおい | 唐留学生、大唐学生 |
| 務大壱 | 正七位上 | 白猪史骨 | しらいのふひとほね | 「高句麗王」の後裔と称す（山城国諸蕃）。大唐学生 |
| 追大壱 | 正八位上 | 黄文連備 | きぶねのむらじそなう | 高句麗系の渡来氏族 |
| 追大壱 | 正八位上 | 田辺史百枝 | たなべふひとももえ | 渡来系氏族 |
| 追大壱 | 正八位上 | 道名君名 | みちのきみおびとな | 遣新羅大使 |
| 進大弐 | 大初位下 | 田辺史首名 | たなべふびとくびな | 渡来系氏族 |
| 進大弐 | 大初位下 | 山口伊美伎大麻呂 | やまぐちのいみきおおまろ | 東漢氏系 |
| 直広肆 | 従五位下 | 調伊美伎老人 | つきのいみきおきな | 東漢氏系 |

大宝律令編さん功労者一覧

績から、古麻呂は大宝2年5月、粟田朝臣真人、大伴安麻呂、高向麻呂《たかむこのまろ》、小野毛野《おののけぬ》とともに参議に任ぜられます。地方出身者あるいは地方に勢力基盤を持った氏族で、議政官として中央貴族や皇族と共に朝政に参加できたのは、この後も吉備真備《きびのまきび》（遣唐使としての渡航歴あり）、和気清麻呂《わけのきよまろ》（道鏡の即位阻止の功績）だけであり、古麻呂の場合は異例の昇進と考えられます。

慶雲2（705）年に古麻呂は、兵部省長官である兵部卿に就任します。少し後のことになりますが、下毛野川内朝臣石代が養老4年に征夷副将軍に任じられています。この任官は、古麻呂の兵部卿への任官とともに和銅2（710）年に古麻呂が亡くなった際の経歴に「大将軍」が追記されていることなどとも関係があると考えられ、中央政府からみた東国下毛野の地が対蝦夷政策最前線の兵站地であるとともに、下毛野氏が

# 律令官制と職掌

## 中央官制

**二官**

**神祇官** 官中の神祇祭祀と全国の神社を統轄

**太政官** 国政を統轄

［議政官］
- **太政大臣**
- **左右大臣**
- **大納言**

［令外官］
- **中納言**
- **参議**

**少納言** ― **外記** 詔・奏の検討、駅鈴・伝符・内印・外印

**左右弁官** 諸司・諸国からの文書の受付、命令伝達

**八省**

**中務省** 天皇・後宮に関わる事務、内廷の仲介
- 中宮職　大舎人寮　図書寮　内蔵寮　縫殿寮　陰陽寮　画工司　内薬司　内礼司
- **内記** 詔勅の起草
- **監物** 庫蔵の出納
- **主鈴** 内印・駅鈴・伝符
- **典鎰** 庫蔵の鍵

**式部省** 文官の勤務評定・人事、朝廷儀礼
- 大学寮　散位寮

**治部省** 各氏族の系譜・相続・婚姻など官人の身分に関わる事務
- 雅楽寮　玄蕃寮　諸陵司　喪儀司

**民部省** 民衆・土地・租税など民政全般
- 主計寮　主税寮

**兵部省** 諸国軍団・兵士・兵器・軍事施設、武官の勤務評定・人事
- 兵馬司　造兵司　鼓吹司　主船司　主鷹司

**刑部省** 刑事裁判・良賤判別などに関わる司法行政全般
- 贓贖司　囚獄司

**大蔵省** 諸国貢献物の保管、朝廷行事の用度統轄、度量衡・物価の統制
- 典鋳司　掃部司　漆部司　縫部司　織部司

**宮内省** 内廷の庶務機関
- 大膳職　木工寮　大炊寮　主殿寮　典薬寮　正親司　内膳司　造酒司　鍛冶司　官奴司　園池司　土工司　采女司　主水司　主油司　内掃部司　筥陶司　内染司

**弾正台** 大内裏と京内の綱紀粛正

**衛門府** 宮城門・宮門の警備 ― **隼人司** 朝廷に奉仕する隼人の管理

**左右衛士府** 衛士の管理、宮門・宮城門・宮内諸官衙の警備

**左右兵衛府** 兵衛〈天皇の親衛隊〉の管理、閤門〈内門〉の警備、天皇の身辺護衛・行幸供奉

**左右馬寮** 官馬の調教・飼養

**左右兵庫** 儀式・実用の武器管理

**内兵庫** 供御用の武器管理

## 地方官制

**京官**

**左右京職** 京内の行政・警察機構 ― **東西市司** 市の管理・運営

**摂津職** 難波宮・難波津・難波市の管理、摂津国の国司を兼務

**大宰府** 西海道諸国を管轄、防人・軍事施設の統轄、外交交渉 ― **防人司**

**諸国・嶋** ― **郡司**、**軍団**

（『東の飛鳥』より）

惣領するこの下毛野の地が、東国の中でも常陸などとともに重要な場所であったと判断されたからと考えられます。

慶雲4（707）年6月15日、天武・持統天皇の政策を引き継ぎ、藤原京の整備や大宝律令の制定を進めてきた文武天皇が崩御されます。従四位上の古麻呂は、従五位下藤原朝臣《ふじわらのあそん》房前《ふささき》（不比等の次男）らと天皇の御陵を造営する造《ぞう》山陵司《みささぎし》に任じられます。『続日本紀』には、天皇のご遺体は飛鳥の岡で火葬され、ご遺骨は11月20日に古麻呂らが造営した檜隈安古岡上陵《ひのくまのあこのおかのえのみささぎ》に葬られたと記されています。以前から文武天皇陵は明日香村の高松塚古墳の北に位置する中尾山古墳との指摘がありましたが、令和2（2020）年度の明日香村と関西大学の調査成果により文武天皇陵の可能性がさらに高いことが判明し、陵墓の築造担当者から被葬者までが想定できる稀有な事例となっています。

和銅元（708）年、古麻呂は式部卿（式部省長官）に任じられます。式部省は役人（文官）の人事考課《こうか》、選叙《せんじょ》（叙位・任官）、行賞、懲罰などを行った部局でした。中央官庁とともに地方の役人の任用や昇進に関するほぼすべての人事管理を行いました。さらに役人の養成機関である大学寮も統括した部局で、八省の中でも中務省に次ぐ重要な組織であり、その長官の式部卿は特に要職とされていました。武官の人事考課判定の決裁権は兵部卿にあり、文官の人事考課判断は式部卿の決裁後に、太政官が最終決裁する決まりとなっていましたが、実質的に人事管理の仕組みを有していたのは式部省で、たびたび武官の人事考課や太政官の決定に異論を述べるほどの権限を持っていました。このことから想定すると古麻呂は当時の役人のほぼすべての人事に関わっていたとも考えられます。

## 古麻呂の活躍②

このように功績を重ね昇進した古麻呂は、数度にわたり特別の禄（報酬）を賜っています。1度目は大宝元（701）年に大宝律令の完成に関する功績として禄を賜っています。さらに大宝3年2月にも同様の功績により田10町と封戸50戸を賜っています。この封戸は一代限り、田は子の代まで相続することが許されていました。この功田の相続に関しては、天平宝字元（757）年12月に発せられた大化元年以来の功田再整理に関する決まりでも、大宝3年に下賜を受けた4名全員の功田の一代限りの相続が再確認されています。

大宝3（703）年3月にも理由は記されていませんが、再度功田20町を賜っています。当時の10町は現代の尺度に換算するとおよそ1km四方の土地となります。封戸50戸は慶雲2（705）年には、正丁4人をもって一戸に準ずるという課戸の基準が決められたことから、試算するとおよそ正丁200人分の口分田の租の半分、調・庸の全部と仕丁（労働力）が支給されたと考えられます。古麻呂の場合、従四位の位階を受けていたことから本給の規定では、封戸80戸（正丁320人分）が位封として支給されていたと考えられます。

中央に勢力を持たない地方出身の豪族でありながら数々の功績をあげた古麻呂は、和銅2年12月20日に参議式部卿大将軍正四位下の位階にまで昇進し、その生涯を閉じました。古麻呂が亡くなる15日前の12月5日には元明天皇が平城宮に行幸されており、藤原京から平城京への遷都の慌しさの中での臨終でした。

## 優秀な人材を輩出した下毛野一族

### 下毛野川内朝臣石代

古麻呂が幾度にもわたり禄を賜るような昇進を遂げたことが、一族の繁栄にも繋がったと考えられますが、古麻呂以外にも下毛野一族からは複数の優秀な人材が輩出されました。その一人が下毛野朝臣石代です。

石代は大宝元（701）年7月に左大臣正二位多治比真人嶋の葬儀の際、従七位下と低い冠位でありながら百官を代表して誄《しのびごと》（弔辞）を奏します。この記事から想定すると石代は、下級官人として中央官庁での職務に就いており、百官を代表するほど優れた学識を有していたと考えられます。

その6年後の慶雲4（707）年に古麻呂は、石代を下毛野川内朝臣に改姓することを願い出てこれを許されています。なぜ、古麻呂がわざわざ下毛野氏に「川内」を加えることを申請し石代に川内を名乗らせたのでしょうか？ 同族でありながらウジ名を分けて使う必要性の真意はわかりませんが、この「川内」＝河内郡と考えられることから下毛野氏の本貫地である河内郡や郡司職等への任官や惣領の相続に関することか、郡内に配置された西下谷田遺跡や上神主《かみこうぬし》・茂原官衙遺跡などの公的施設設置への関与もその原因の一つに想定されますが、残念ながら真の目的はわかっていません。

霊亀元(715)年の元日に平城宮上空に慶雲が現れ、遠江国が白狐、丹波国が白鳩を献上したことで10日には大赦が行われ、内外の六位以下の者の一階昇進が行われます。その中に従六位上からの従五位下に昇進した石代が含まれています。この記事には「内外の」とあるため、この時、石城が平城宮の役所に勤務していたか下野に戻っていたかはわかりません。石代が昇進した従五位下という位階は、国司の守に相当する官位ですが、彼が国司となった形跡はありません。また、養老律令の官位令で郡司は官位相当の対象とされず、職事官に該当しない特殊な身分とされていたため、もしかすると実質的な郡領(大領)のような存在だったのかもしれません。

石代は養老4(721)年に征夷副将軍に任じられます。『続日本紀』のこの時の記事も霊亀元年の記事も双方とも「下毛野朝臣石代」と記されていますが、古麻呂が没した後は川内を名乗っていません。ここにも何か深い訳がありそうです。

## 下毛野朝臣虫麻呂

石代のほかに優秀な人材として名を残したのが、下毛野朝臣虫麻呂です。虫麻呂は養老4年正月に正六位上から従五位下に昇進し、式部省直轄の官僚育成機関である大学寮の式部員外少《しょう》輔(次官級)に任じられます。平安時代初期に編さんされた漢詩集『経国集』には、虫麻呂が大学寮文章博士として作成した官吏登用試験の出題文2題が採録されています。

養老4年の昇進の際、正五位下から正五位上に昇進した人の中に多治比真人広成《たじひのまひとひろなり》がいます。彼は和銅元(708)年に従六位上から従五位下に三階級昇進し、初代下野守に任じられました。また、天平4年には第10次遣唐使の大使に任ぜられ、帰国後はさらに昇進を遂げました。この広成の漢詩3首が『懐風藻』に採録されています。この『懐風藻』には、養老4年秋に長屋王の邸宅で行われた新羅賓客のための送別の宴の席で虫麻呂が詠んだとされる漢詩も採録されています。このように虫麻呂は、漢詩などの学問に秀でていたことから、養老5年に元正天皇がさまざまな学業に優れた官人を選抜した際、文章部門(中国の漢詩・歴史に通じた部門)の上位4名の一人に選抜され特別な褒賞を賜り、式部員外少輔(次官級)に任じられました。

# 下野薬師寺の建立

## 仏教文化の始まり

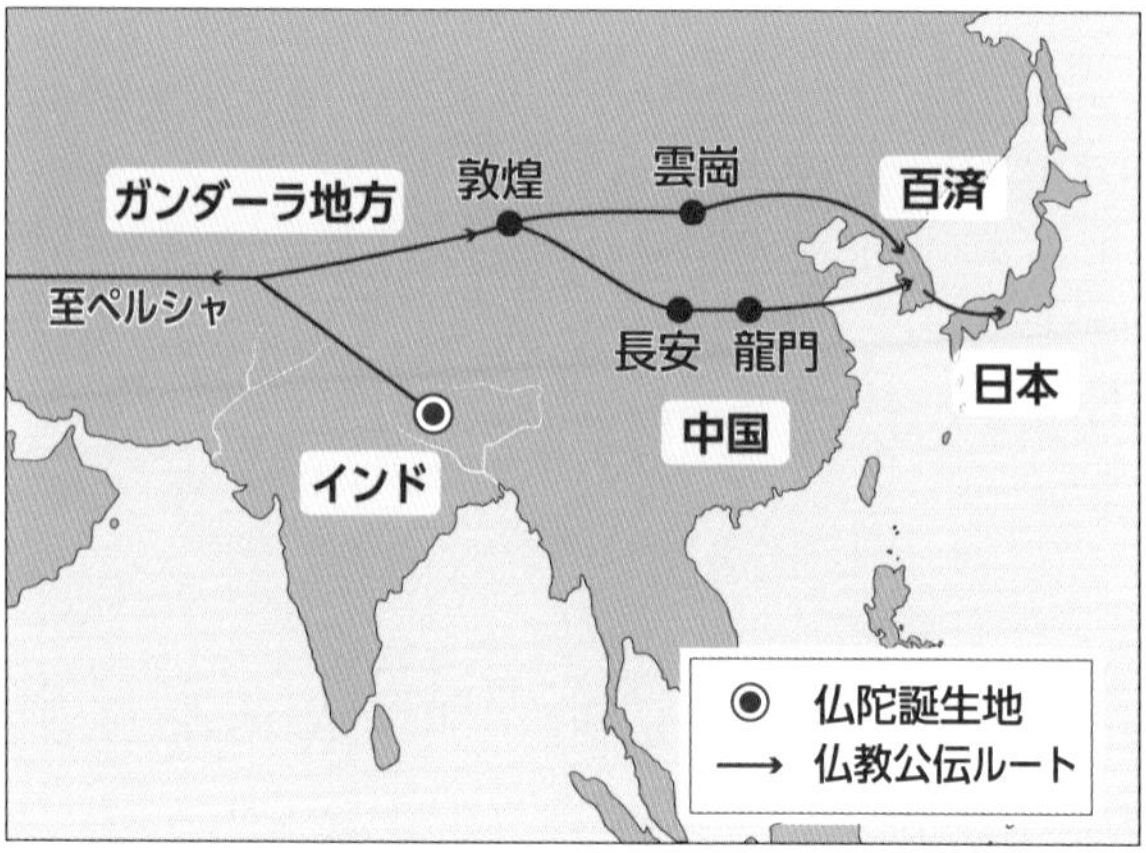


仏教公伝ルート

『上宮聖徳法王帝説』や『元興寺縁起』によれば538年、『日本書紀』では552年に百済国聖明王から倭に仏像一体と経典や荘厳具が贈られました*。なぜ、百済は倭にこれらを贈ったのでしょう？　この背景には朝鮮半島の政治情勢が深く関係するという考えもあります。贈られた仏・経典などはそれまで見聞きしたこともないもので、どう扱うべきか中央の豪族たちの意見は、氏寺と呼ばれる仏堂を建立し仏を敬った崇仏派と仏像を「大唐の神」「蕃神」と呼び伽藍に火を放ち仏像を難波の堀江に投棄したような廃仏派の2つに大きく分かれました。

用明3（587）年、仏教を積極的に推した蘇我稲目の子で大臣《おおおみ》の馬子は、仏教反対派の大連《おおむらじ》物部守屋を滅ぼします。翌年には百済から仏舎利や僧侶とともに寺工・鑪盤《ろばん》博士・瓦博士・画工などの技術者が来朝し、飛鳥の地に日本初の一塔三金堂の伽藍配置をもつ飛鳥寺が建立されました。その後、飛鳥寺に続き畿内各地には四天王寺や法隆寺などが相次いで建立されました。四天王寺には、馬子方が物部守屋との戦いで勝利できたのは四天王の加護によるとの考えから、馬子方に加わっていた厩戸皇子（聖徳太子）が守屋のヤケ（所領）を寺に寄進し、四天王寺を建立したという縁起が伝わっています。

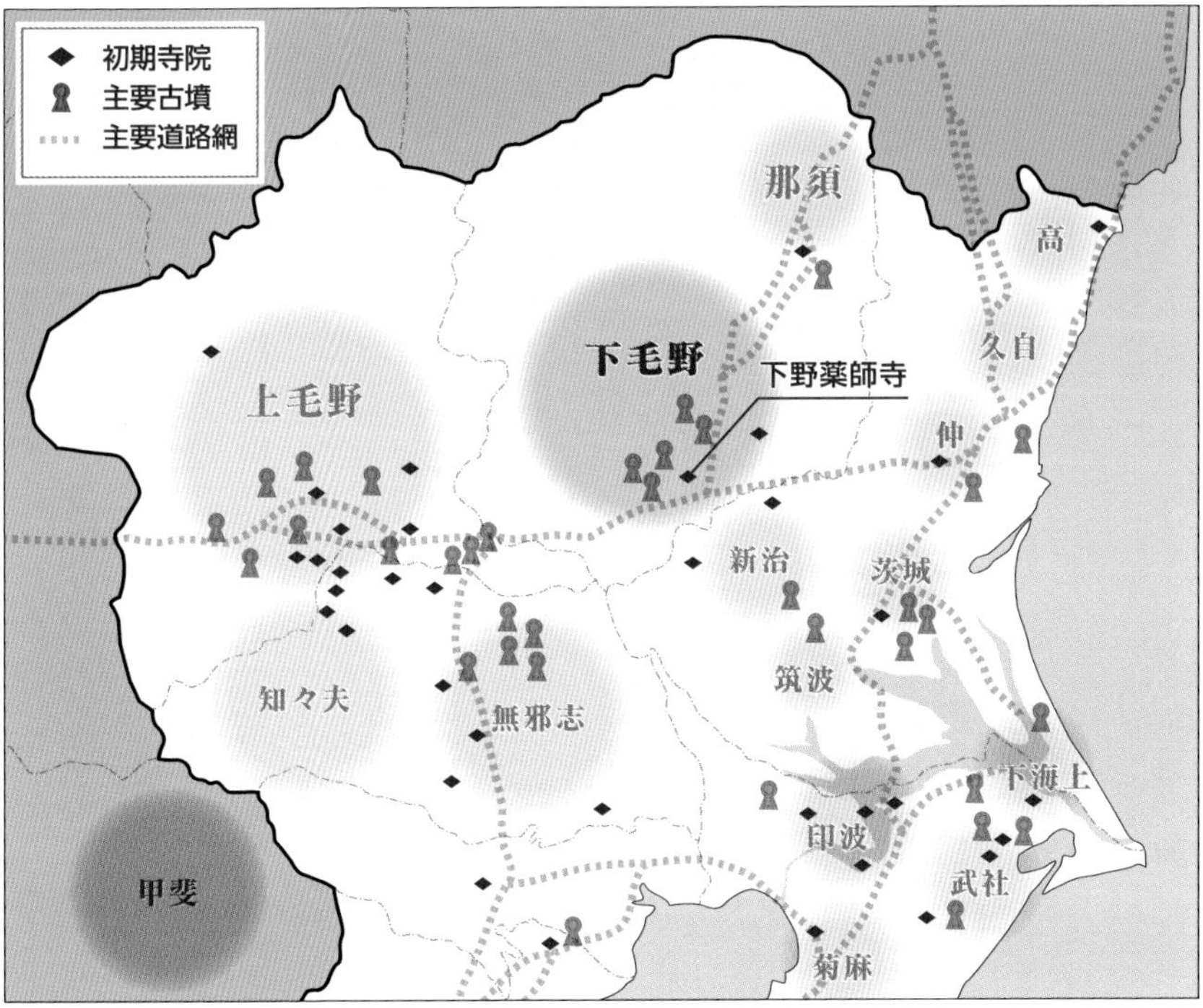


東国の後期・終末期古墳と初期寺院の分布（近江・森先2019を基に作成）

| | 上毛野 | 下毛野 | 上総 | | | 下総 |
|---|---|---|---|---|---|---|
| | 総社古墳群 | 下野古墳群 | 板附古墳群 | 長須賀古墳群 | 内裏塚古墳群 | 龍角寺古墳群 |
| 6世紀後半 | 二子山古墳 | 吾妻古墳 | 不動塚古墳 | 金鈴塚古墳 | 三条塚古墳 | 浅間山古墳 |
| 7世紀前半 | 愛宕山古墳 | 車塚古墳<br>丸塚古墳<br>桃花原古墳 | 駄ノ塚古墳<br>駄ノ塚西古墳 | 松面古墳 | 割見塚古墳<br>亀塚古墳 | 岩屋古墳 |
| 7世紀後半 | 宝塔山古墳<br>蛇穴山古墳 | 多功大塚山古墳<br>多功南原1号墳 | | | | |

上毛野・下毛野・上総・下総における古墳終末期の編年表（大阪府立近つ飛鳥博物館2013を基に作成）

## 下野薬師寺の建立前夜

6世紀末から7世紀初頭の東国では首長墓としての前方後円墳の築造が停止し、それに代わって大型の円墳が造られ、一部の地域では、大型円墳とともに大型方墳が築造されました。下毛野では下石橋愛宕塚古墳や壬生車塚古墳、丸塚古墳のような大型円墳とともに多功大塚山古墳（上三川町）や多功南原1号墳（上三川町）などの大型方墳が築造されました。上毛野では宝塔山古墳・蛇穴山《じゃけつざん》古墳（群馬県前橋市）、上総では駄ノ塚古墳（千葉県山武市）、下総では龍角寺岩屋古墳（千葉県栄町）のような大型方墳が築造されました。

前方後円墳の築造が停止した7世紀前半頃、畿内や西日本では、方墳や上円下方墳、八角墳の築造後に各地で寺院の建立が始まりました。この時期、東国では埼玉県比企郡滑川町の寺谷廃寺が建立されたと考えられていますが、この後に建立された寺院と比較すると規模がかなり小さく、在地勢力を総動員して建立したと考え難いことから、地域で大掛かりな資材確保の権限を持っていない新たな参入者や新規の渡来系氏族などがこの寺を築造したとの指摘もあります。

7世紀初頭頃に各地域に造られた大型方墳は、中央から「国造」として任命された在地首長のための首長墓として築造されたとも考えられます。例を挙げれば、龍角寺岩屋古墳と印波国造、蛇穴山古墳付近と上毛野国造、多功大塚山古墳と下毛野国造の関係などが想定され、7世紀後半になると地域の権

### 新しい都藤原京

持統8（694）年12月に持統天皇は、飛鳥浄御原宮から新益京と記された藤原宮に遷ります。藤原宮は東西928m、南北907mの規模で大極殿、朝堂、多数の官衙と内裏が整然と配置されていました。これらの中枢部の建物とそれを囲む大垣に配置された宮城門は礎石の上に柱が置かれた建物で、屋根には瓦が葺かれ恒久的な構造物とされました。このような唐や新羅の建造物を模倣した宮都は藤原宮が最初であり、天皇を中心とした律令国家の権威を示す象徴的な建物ともなりました。

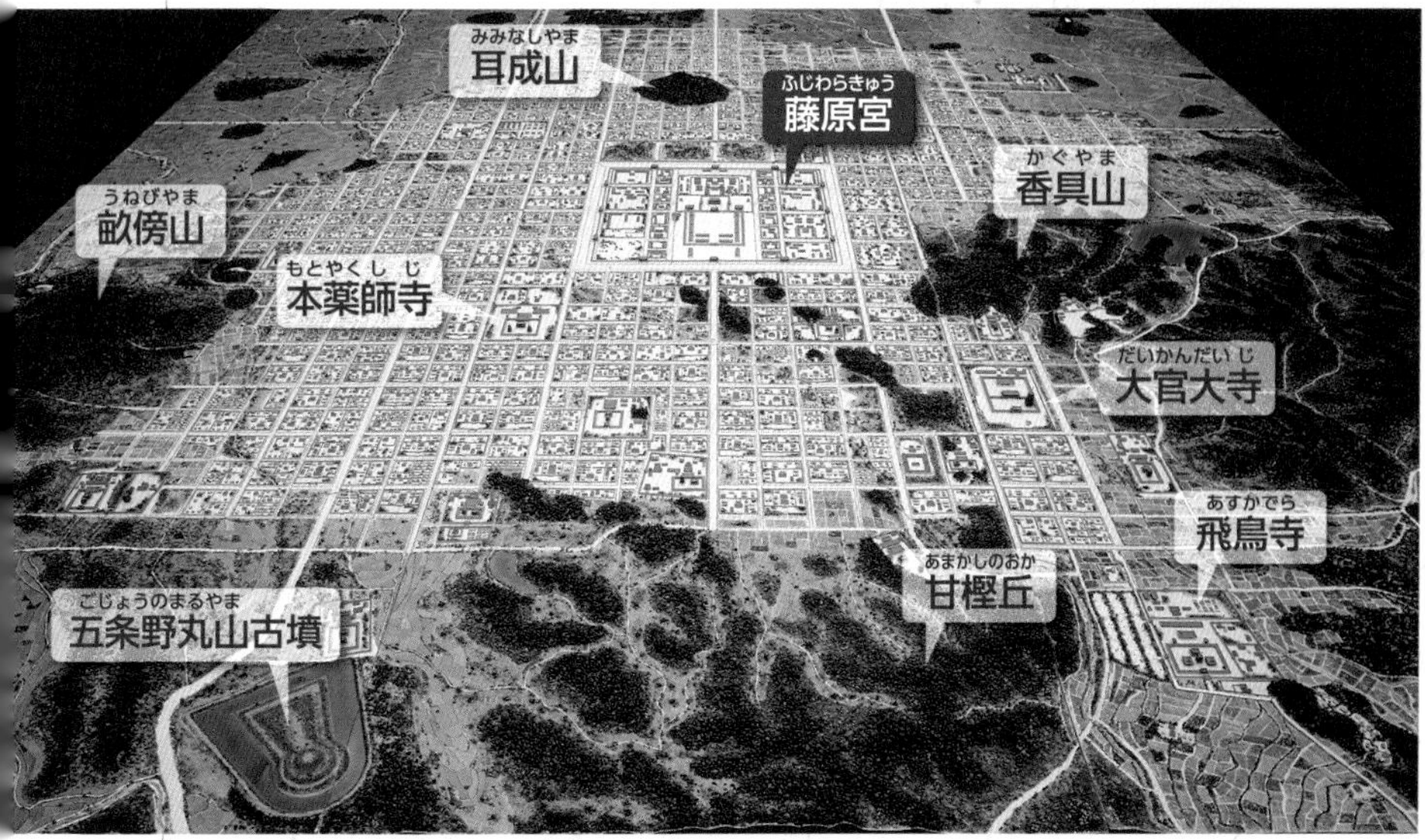

藤原京復元模型（写真提供・橿原市）

宮の周囲には約5・3㎞四方の京域がつくられました。京域には、縦横に道路が造られ、主に官人が暮らす宅地が広がっていました。官僚として高位に昇進した古麻呂や藤原不比等の邸宅なども宮に近接して配置されていたと考えられます。宮の南西には本薬師寺、南東は飛鳥旧都の地に接しているため小山廃寺、大官大寺、奥山廃寺のほか、藤原京成立以前に建立された飛鳥寺、山田寺などが点在します。また、宮の北には耳成山、西には畝傍山、東には香具山が位置し、これらを取り込んで京域は設計されました。さらに京域の南には丘陵が広がっており、ここには藤原京造営期以前の天皇、皇族が埋葬された陵墓が多数点在しています。宮・京域の南北中軸線を京外に南に延長した線上には菖蒲池古墳、天武持統陵、中尾山古墳、高松塚古墳、文武陵、キトラ古墳が点在しています。平城京に移る前に没した古麻呂も火葬され、この丘陵のどこかに埋葬されたかもしれません。

このように巨大な宮都の造営事業は、官僚制的な行政システムの整備と国家的な労働力編成や技術編成の下で遂行された一大プロジェクトでした。

限を総領した国造氏族たちは中央の天皇家や豪族に倣い古墳ではなく氏寺を建立するようになりました。上総国大寺廃寺は上総国造が、下総国印波国造が建立したと想定される龍角寺、上毛野国造と関係の深い山王廃寺（群馬県前橋市）・寺井廃寺（群馬県太田市）、下毛野国造である下毛野一族が下野薬師寺を建立したと考えられます。さらに山王廃寺と下野薬師寺の下層では、寺院建立の前段時期の大型建物群が確認されており、これらは初期評家などの公的な施設か国造の居宅などに関する施設と推測されています。

## 下野薬師寺創建の契機

　東国の場合、寺院建立に関する信憑性の高い文献史料などはほとんど確認されていませんが、下野薬師寺については関連性のある史料が複数残されています。ただし、いずれの記事も後の時代に作成された史料に採録されているため、これらの史料だけでは正確さに欠けるところがあります。先にも触れましたが、第一次史料である『続日本紀』持統3（689）年には、古麻呂が奴婢600人の解放を許された記事があります。この解放は仏教の作善（現代の放生会や鳥や魚を放つような行為）に関係し、下野薬師寺の創建に関わるとの指摘もあります。600人という数字が誤記や潤色でなければこの数字は相当な数であり、下毛野一族が有していた奴婢の中の数字と想定され、大掛かりな事業＝下野薬師寺の創建に関する作善の可能性も考えられます。

　さらに薬師寺の名称については、「藤原京の本薬師寺は、天武9（680）年、天武天皇が皇后（後の持統天皇）の病気平癒を祈って建立された官寺で、天武天皇の施策と心情を察した古麻呂は、自らの本貫地に国家の安泰と皇后の病気平癒を祈願して、薬師寺の建立を決意した」と建立の時期も併せて示唆されています。

　下野薬師寺跡の発掘調査で出土した創建段階の軒丸瓦に大和川原寺系の「面違鋸歯文縁八葉複弁蓮華文軒丸瓦《めんたがいきょしもんえんはちようふくべんれんげもんのきまるがわら》」と「重弧文軒平瓦《じゅうこもんのきひらがわら》」が使用されていることから大和川原寺の建立からそれほど時間が経っていない時期に下野薬師寺が創建されたと考えられています。川原寺については、天武2（673）年に一切経が書写された記録があることからこの時期には川原寺は完成していたと考えられています。その後に下野薬師寺の建立が始まったとすると7世紀後半～末頃に下野薬師寺が創建されたと考えられます。

＊仏教公伝は、『上宮聖徳法王帝説』、『元興寺縁起』によれば538年、元興寺縁起では欽明7年、『日本書紀』によれば552年（欽明13年）、現在は538年説が有力

# III 奈良時代

大宝元（701）年の大宝律令施行とともに、約30年ぶりに遣唐使が派遣されました。その執節使*は、古麻呂とともに律令編さんを担当した粟田朝臣真人でした。真人はこの時2度目の渡航で、1度目は孝徳朝の白雉4（653）年に第2次遣唐使で、学問僧として唐に渡っています。そのため、唐の法令や儀式などに精通しており、唐の官僚から「好く経史を読み、属文を解し、容止温雅なり」と評価され、唐においても司膳員外郎という官職に任ぜられました。

また、この使節団には山上憶良や道慈《どうじ》らも加わっていました。道慈は15年もの間、唐の西明寺などで学び、高僧100人に選ばれるほどの教義を習得しました。帰国後、本朝の僧尼の教学が不十分で質が低いことを批判し、僧尼の教学向上のため唐から戒師招聘《しょうへい》を提案します。これが後の鑑真和上の招来と東大寺・筑紫観世音寺・下野薬師寺の三戒壇設置へとつながっていきます。

この真人ら一行の使節団が楚州に到着すると、唐王朝は則天武后による周王朝へと代わっており、その後、遣唐使節が長安で見た都城や政治制度は、30年前の遣唐使によって伝えられていたものとかなり違いがあることが明らかとなりました。今回の遣唐使派遣の目的は、白村江の敗戦以降の国交回復、新たな都城の造営、律令の制定、銭貨の発行、「日本」という国号の制定など、その体裁が整ったことを報告し、国家の威信を誇示しようとしたものでした。しかし、唐をはじめとする東アジア諸国の状況がこれまでの情報とことごとく異なっていたことが明らかとなった中で、使節団は慶雲4（707）年に帰国します。

この頃、新益京とされた藤原京は供用が始まって間もない時期でした。藤原宮は旧来の豪族の勢力圏である飛鳥と隣接しているため影響を受けやすく、さまざまな問題が顕在化していました。そこへ唐から帰国した粟田真人らの使節団により都城や律令制の差異が報告されると、文武天皇は707年2月に五位以上の王族・貴族に命じ遷都の議論を行わせました。この時、すでに兵部卿、式部卿を歴任し、中央政府で参議として朝政に携わっていた下毛野朝臣古麻呂は、この会議の中核を担うような発言権をもつ立場であったと考えられます。この議論の末、完成からわずか15年余りの藤原京を廃し、和銅3(710)年3月に平城京への遷都が行われました。

この時から74年後の延暦3(784)年に平城京から長岡京に移るまでの期間を「奈良時代」といいます。このうち740年までを奈良時代前期、745~784年までを後期と区分します。前期と後期の間のわずか5年間で、聖武天皇は恭仁《くに》京、難波京、紫香楽宮《しがらきのみや》と都を転々と移し替えた後、再び平城京に戻りました。

奈良時代は海外諸国との活発な交流により、国際的な感覚と仏教にかかわる華やかな天平文化が発達しました。しかし、同時に疫病の流行や天候不良による災害・飢饉などとともに政権争いや内乱がおこります。聖武天皇はこの社会不安を取り除くため、東大寺に大仏を造立し、60数カ国に国分寺・尼寺の造営を命じました。下野国でも都と東北地方を結ぶ東山道や下野国府が整備され、下野薬師寺は平城京の七大寺に比較されるような東国一の巨大寺院に改修され、都賀郡には下野国分寺・尼寺が建立されました。

その後、天皇を中心とした律令国家体制にも乱れが生じます。相次ぐ政変や皇位継承問題とともに、僧道鏡が法王に任じられ変則的な政治形態も生まれました。しかし、称徳《しょうとく》(孝謙)天皇の崩御とともに道鏡は勢力を失い、下野薬師寺で造下野薬師寺別当(長官)として終焉を迎えました。

*天皇からその権限を委任されたことを示す節刀を授与された使者。大使の上の代表

# 律令制度の成立

## 平城遷都

飛鳥浄御原令の編さんは681年に始まり、689年に施行されますが、律は完成に至りませんでした。本朝オリジナルの律と令が揃うのは大宝元（701）年の大宝律令制定を待つこととなります。『続日本紀』大宝元年正月元日条には、藤原宮大極殿で行われた元日朝賀の儀において文武天皇が「文物の儀、是に備われり」と述べたことが記され、独自の法典を備えたことに対する国家の自負が表現されています。しかし、さまざまな事情からこの9年後に平城京へ遷都されます。

短期間で壮大な都をつくるため、建築資材の確保や経費節減のため、藤原で使用されていた瓦や柱・礎石など、再利用可能な資材は平城京に運ばれ転用されました。さらに遷都の造営費用捻出の施策として、和銅元年2月に鋳銭司を設置、5月に和同開珎銀銭、8月に和同開珎銅銭が発行され、資材の調達や雇役（賃料・食料を支給して労役させること）民への支払いに使用されました。都の造営とともに、律令の法に基づいた中央・地方への行政機構の整備とともに増加する官人の雇用、軍備の増強など、国家の一大プロジェクト遂行には多大な予算が必要でした。そのため、支配が及んだ地域から滞りなく税を集める仕組みが構築されました。その仕組みの一つに各国を面積やコメの生産量などで大・上・中・下の四等級に区分し、国ごとの財源として正税＊の負担や公廨稲《くがいとう》（貸し付け用の稲）などの量を決めました。東国では、武蔵、上総、下総、常陸、上野が大国、駿河、甲斐、相模、信濃、下野は上国にランキングされました。

和同開珎銅銭（実寸直径約24mmで写真はほぼ2倍の大きさ：日本銀行金融研究所貨幣博物館蔵）

平城京模型（写真提供・奈良市）。朱雀大路（中央）の道幅は74.51mあった。北中央奥が平城宮

*正税は令制国内にある正倉に蓄えられた稲穀・穎稲。公廨稲は諸国に置かれた貸付用の稲

## 律令の仕組み

奈良時代になると、都市部も地方も、大宝律令やその後に制定された養老律令などの法令に基づいた決まりの中で政治が行われました。養老律令の条文は約1000にも及び、その内容は「律」は刑法、「令」は憲法・行政法、「格」はそれを補う現行法令集、「式」は役所のマニュアルのような構成でした。

中央でも地方でもこれらの法律を理解し収税を行い、現代にも続く文章と印鑑による文書行政を執行したのが、上級から下級までの役人たちです。当時、奈良に置かれた政権の及んだ地域には、およそ400万人の人々が暮らしていたと推測され、その約9割の人たちが徴税の対象だったと考えられています。

## 租《そ》

国から支給された土地である
口分田に課せられた税で、
収穫量《しゅうかくりょう》の約３％を納入

## 庸《よう》

成年男子に課せられた年間 10 日の
労働の代わりに麻布《あさぬの》２丈《じょう》６尺
（約 7.7m）を納入

## 調《ちょう》

成年男子に課せられた税で、
布・糸や各地の特産品を一定量納入

## 税の負担

税に関する制度は、「令」の中の賦役令に規定があり、39条にわたって様々な取り決めが定められていました。租は口分田で、収穫された稲を対象とした税で稲（米）を収めました。この租は地方税として国府や郡衙の正倉に備蓄されました。

庸は成人男子に課税された人頭税で、年齢により半減や免除がありました。税物の品目は主に布・米・塩などで、布などは男性に代わり女性が機織りをしていたとも考えられます。調についても品目と量が決められており、国ごとに絹・絁・糸・綿（楮を原料とした布）・布が正調として、雑物として魚介類、海藻類、塩や油、染料、金属など77品目の中からその候補が定められ都へと納められました。庸も調も生産者が、布の両端に「国・郡・里・戸主姓名・年月日」を記入、糸などはこれをくるんだ袋などに必要事項を記載しました。これらは郡役所を経由し国府に送付されると国府の役人（国司）の検品後に押印され都へと送付されました。他の物品にも同様の内容が記された付札木簡が括り付けられ、都に送られました。

　これらの全国から届けられる税物には、納期が決められていました。各国は都からの距離により「近国」「中国」「遠国」に分けられ、それぞれ10月・11月・12月末までに都に納める決まりとなっていました。これらの荷物の輸送は国府の役人が引率し、運搬は税を負担する地域の郡や里・郷の正丁（21～60歳の男性）の中から「運脚《うんきゃく》」として指名された人たちが運ぶ決まりとなっていました。その往復に関する食料などの必要なものは、各自（里や郷などで等分）が負担しました。『延喜式《えんぎしき》』の記載では、下野国は東山道に属しており、遠国に区分されたため都までの往路が34日、復路は17日と決められていました。

## 税として労働力の提供

　成人男子の場合、納税は税物を納めるだけではありませんでした。国司からの命令で、雑徭として年間60日以下（次丁は半分、中男は1／4）、国府での労働や国分寺の造営・官道の整備工事などに仕丁として50戸から2人の割で都の役所などで雑役に従事する決まりとなっていました。さらに兵役として、各戸から成人男子1人が、地方の軍団で軍事教練を受け、その中から北九州を防衛する防人《さきもり》や都を警護する衛士《えじ》が選ばれ、それぞれの地に赴任しました。

## 畿内と七道制

　大化の改新詔では、東は現在の三重県名張市付近、西は兵庫県神戸市須磨区付近、南は和歌山県の兄山（特定地不詳）、北は京都と滋賀県境の逢坂山付近までの範囲が畿内国と認識されました。畿内は大宝令制では当初、大倭《おおやまと》（大和）・摂津・河内・山背《やましろ》（山城）の4カ国でしたが、後に河内国から和泉国が分かれたため、5カ国となりました。中央政府で任用される官人（役人）は、この畿内出身者であることが原則とされ畿内の税負担などは畿内と畿外では大きな差がつけられ、庶民も含め畿内は優遇されました。下毛野朝臣一族などは本来畿外出身のため、重要なポストに就くことはできなかったと考えられます。

　畿外は行政区として東海道・東山道・北陸道・山陽道・山陰道・西海道・南海道の七つに区分されました。東山道には、近江・美濃国（ともに近国）、飛騨・信濃（ともに中国）、上野・下野・陸奥・出羽国（いずれも遠国）の8カ国が属しました（武蔵国は、当初東山道に属しましたが771年に東海道に編入されました）。

# 中央から派遣された役人

## 整備された地方支配

律令期の支配領域は、畿内と七道の畿外に区分され、さらに地方には国―郡―里(郷)の行政単位が設けられました。国には都から国府に国司が派遣され、郡では地域の有力者層から選抜された郡司が郡の役所である郡家で政務を行いました。また、郡の下に50戸を1里として里(郷)長を配置し収税を行いました。この里(郷)長が勤務した役所である郷家《ごうけ》と明確に認定できる遺構は確認されていないため、里長や郷長という肩書のある人が、どこでどのように仕事をしたのかははっきり分かっていませんが村落内に富豪層の居宅と想定される一般的な建物群よりも規模が大きく、役所のように建物が整然と配置された遺構群も各地で確認されています。もしかすると、郷長などが執務を行った場所は、明治期の戸長屋敷のように自宅兼オフィスのような形態だったのかもしれません。

## 国司とは

『万葉集』の編者である大伴家持《おおとものやかもち》は、越中・因幡《いなば》・薩摩・相模・伊勢などの国司を歴任したことでも著名な人物で、家持のような名だたる家出身の若手貴族官人は一度地方諸国に赴任し、任期を終えると中央の要職に昇進するようなコースが通例となっていました。では、国司とはどのような職務を担い、権限を有していたのでしょう。

『日本書紀』には壬申の乱後の天武五(676)年頃、それまで評ごとに行われていた調の貢進が、評に代わり国が取りまとめて都に送るようになったと記されています。これを契機に国司が派遣国に常駐するようになったと考えられています。この国司が守(長官)・介(次官)・掾《じょう》(判官)・目《さかん》(主典)の四等官《しとうかん》で構成されるようになったのもこの頃と考えられています。守は都から派遣された主に畿内出身の貴族官人で、天皇の命令(御言)を地方に伝える使者であることから「クニノミコトモチ」といわれ、大宝律令の施行以前は、「国宰」と表記されていました。

大宝律令の施行により、国司や郡司に法令に則った行政を行うよう命令が全国に下され、それまでの田領(屯倉の管理者)や税司主鎰《しゅやく》(貴族などが各国に所有する封戸の蔵の管理者)などの職務が国司に一元化されました。大宝令の職員令の規定により、四等官の国司とともに、3名の史生《ししょう》が都から4～6年の任期(当初6年が慶雲3年の格により4年に変更)で派遣されました。

## 国府・国衙・国庁

国司が赴任し執務する場所で、国の行政拠点となった場所を国府といいます。国府の中核施設で、国司などの役人が政務・儀式を行う場所を国庁と呼びます。国庁には東西に長い建物の正殿と前殿が南北に並列し、国司は南面して着座し、前殿の両側には南北に長い脇殿が配置され、役人たちがここで執務にあたりました。これらの建物は、南側が開いたコの字状に配置され、塀で囲われた中庭では儀式や刑罰が執り行われました。さらに国庁の外、周囲で文書事務を行う庁舎(曹司《ぞうし》)、税を収納する正倉院や武器などの倉庫群のほか、武器の製造、布の生産、漆工房など各種の生産に関する業務をおこなった工房なども含めた地域を国衙と呼び、このほか、国司の居住区である国司館や下級職員や雑徭で徴発された人々の住まい、都と同様の祭祀を行うための祓所《はらえど》や国分寺、物品の交換・流通の拠点となる市場、流通の動脈となる官道や河川交通拠点などを含めた都市的な空間を国府と呼びました。

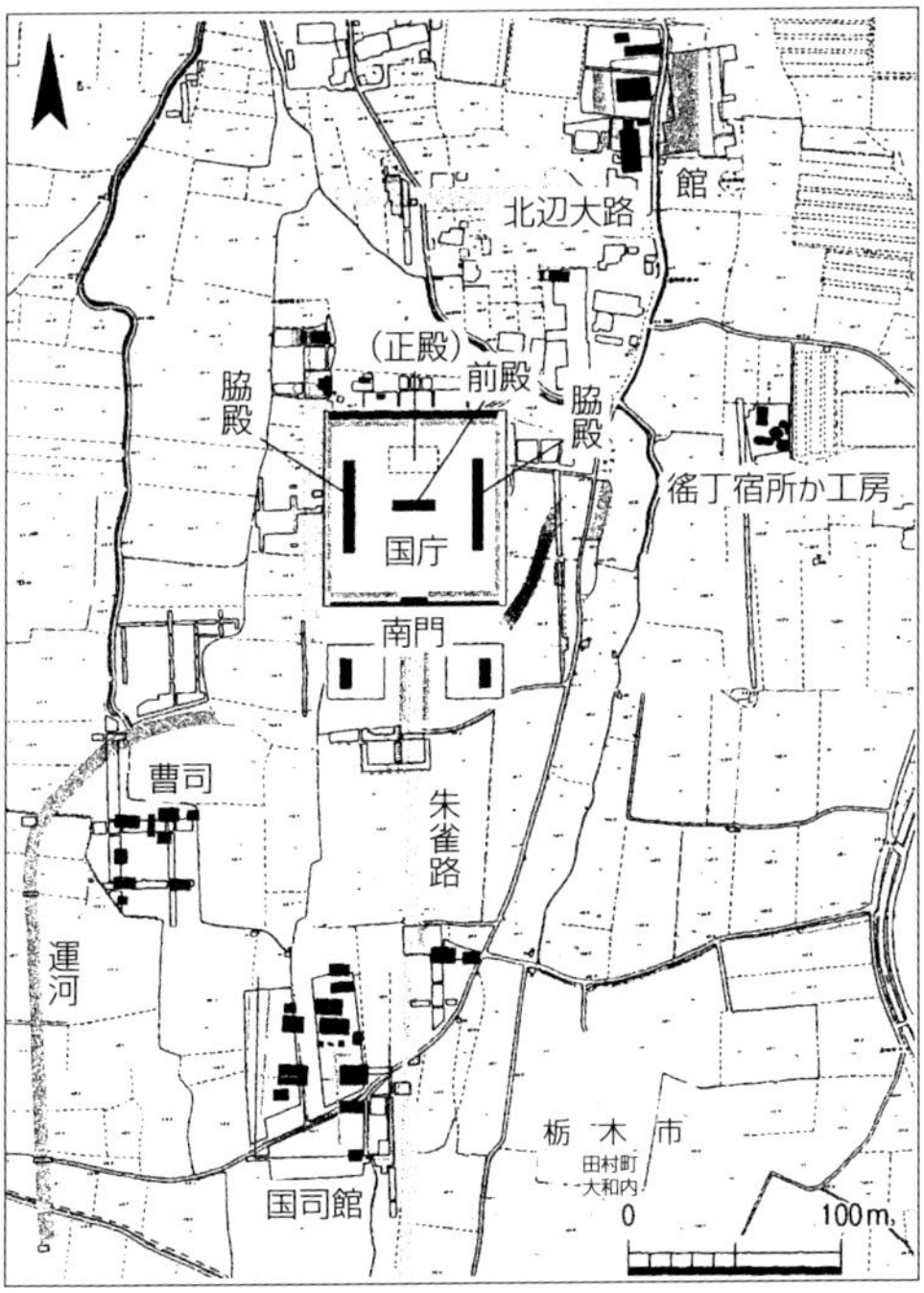


下野国府の諸施設（文化庁文化財部記念物課［2013］『発掘調査のてびき 各種遺跡調査編』より）

## 国司四等官(守・介・掾・目)の職務

国司はその国の政治・経済・軍事・警察・裁判・寺社の管理など、任国の行政全般を取り仕切る権限を持っていました。国司の人数は国の等級によって決められましたが、変動することも度々ありました。

大国の守は従五位上、上国の守は従五位下、中国の守と大国の介は従六位下、上国には介を置き中国には介を置かず、下国には介掾を置かないと大宝律令・養老律令で決められていましたが、実情に合わせて変えられていたようです。下野国は上国なので、守は従五位下クラス、介と掾と目が置かれました。宝亀6（775）年には下野国に大目1名と小目1名、天安2（858）年にも下野国に大掾と少掾を1名ずつ配置した記録があり、これらの年代には階級の違う目が2員配置されていたことがわかります。また、地方豪族の子弟を教育する国学がおかれ、学生を指導する国博士や国医師も常勤していました。彼らも国司（役人）として史生同様、任期付きで中央から派遣された人材でした。

## 和銅元(708)年3月13日の人事異動

和銅元（708）年3月の人事異動で、従六位上から三階昇進して従五位下に叙せられた多治比真人広成が、初代下野守として赴任しました。この時、広成の父親である嶋は73歳の時（697年）に政界の最長老として、左大臣に任じられていました。ちなみに、この人事異動で、古麻呂は従四位上式部卿に昇進しています。多治比氏は河内国多比郡を本貫とし、宣化天皇を祖とする氏族です。嶋の第一子池守は後に大納言に任じられ、ほか縣守と広成も中納言となりました。

広成は、下野守の後、越前守や能登・越中・越後を管轄する按察使を歴任。天平4（732）年には、兄の縣守に次いで第10次遣唐大使として渡唐し、天平6（734）年に帰着します。天平9（737）年に兄の中納言縣守と藤原四兄弟が相次いで没すると8月に参議となり、9月には太政官に昇進。最終官位は、中納言従三位兼式部卿。天平11（739）年4月7日に薨去しました。

広成は詩人でもあり（49ページ参照）、渡唐の際、山上憶良のもとを挨拶に訪れ、憶良から広成に贈られた往来の無事を祈る和歌が『万葉集』に記されています。

# 戸籍の管理

## 地方で作成された書類

律令国家を運営していくためには、運営していくための財力が必要になります。その財源は、人々から徴収する税でまかなわなければなりません。そこで、税を納める人々の数を把握するために戸籍を作成し、それをもとに6歳以上の男女に口分田と呼ばれる田が支給し、死亡するまで納税の対象としました。死亡すると口分田は公収され、次の人に支給されました。国家は人々に土地を与えて耕作させることにより、最低限の生活を保障したのです。その手続きのために次のような書類が作成されました。

## 歴名と戸籍の作成

律令時代、籍年（戸籍作成年）の年の造籍直前に生まれ、すぐに戸籍に登録される場合もあれば、誕生のタイミングにより生誕直後戸籍に登録されなかった子供もいます。一度戸籍に登録されると婚姻による転籍などを除き自由に本籍地（本貫）の移動は認められませんでした。

戸籍作成の基礎になったのは「歴名《れきみょう》」という帳簿で、課税台帳としての役割を持っていました。この台帳には、①戸主との血縁関係、②姓名、③年齢、④年齢区分、⑤黒子・傷などの身体的特徴が記載され、戸ごとに課税対象者と非課税対象者の人数が集計されました。この帳簿は、各戸主が「手実《しゅじつ》」という自己申告書を郡に提出し、その記載に基づき郡司が個人名を省略し課税対象者の人数のみを清書し国府に提出します。国府では国司がこの書類に署名を行い「目録」として中央に毎年送ることとなっていました。

6年に1度の籍年の年には、歴名を原本として戸籍が作成されます。各戸の構成員に大きな増減などの変更があった場合、五十戸一里制により新たな里（郷）がつくられ、里の編成が変わることもありました。持統4（690）年の庚寅年籍《こういんねんじゃく》の作成が、全国規模で最初に行われた五十戸一里の編制と考えられています。

## 戸籍の作成

各戸が作成し提出する「手実」(自己申告書)は、6月が提出期限でした。その年の6月までに誕生した新生児は、その年の歴名に記載されます。この時以後に誕生した子は、翌年の手実に掲載されることとなっていました。戸籍は6年に1度作成される決まりのため、戸籍に初めて記載される新生児の年齢は1歳から7歳(前回の籍年の歴名作成以後に生まれた子)となる訳です。

戸籍に初めて記載登録された新生児は、直接の課役負担の義務はありません。税の負担はありませんが戸籍に記載されると飢饉などの際にコメの無償支給、賑給を受けることができる保障制度もありました。

## 口分田と条里制

6歳以上を対象として、口分田が支給されることを班田といいます。1人あたりの口分田は、男が2段(1段＝360歩、1歩＝約3・3㎡、約23・7アール)、女はその2／3(約15・6㎡)が支給される決まりとなっていました。関東平野などの耕作可能な土地が広がるところでは、班給する可耕地に困ることは少なかったと思いますが、地域によっては人口に見合うだけの田地面積が確保できず、国を超え隣国に口分田を班給した記録も確認されています。

班田の対象となるのは、その子供が生まれてから2度目に戸籍に登録された時ですが、しかも実際の班給は戸籍作成から2年遅れ、6年ごとというのが奈良時代の通例でした。従って初めて班田を受ける子供は、班田の年には9歳から15歳になってしまうことも多くあったと考えられます。

## 手厚い社会保障制度

学校の授業で、古代の戸籍について学習すると重い税の負担や過酷な取り立てのイメージとなってしまいます。しかし、戸籍に記載されることは悪いことばかりではなかったようです。個人の記録が克明にされるので、身体の障がいや疾病についても記載され、障がいの度合いによって次のような保護を受けることもできました。

残疾(老丁とともに次丁(課役負担は正丁の半分。ただし庸と雑徭は全免除))

廃疾(不課口＝課役の非対象者)

篤疾(不課口＝課役の非対象者)

さらに年齢による保護制度もありました。身体的に障がいがなく耆老《きろう》(一般的な高齢者)として区分される80歳以上の高齢者には、身の回りの世話をする正丁一名が侍《じ》(ヘルパーのような役割)として給されました(侍は血縁者が原則)。また、侍に充てられた者は、庸・雑徭を免除されるなどの優遇措置が設けられました。さらに、侍の人数は90歳になると2名、100歳になると5人に増員され、高齢者を優遇する措置や手厚い保護制度が設けられていました。

大宝令制の年齢区分（基本的に数え年）

| 年齢(数え年) | 男／女　（　）は養老令の呼称 |
|---|---|
| 新生児 | 生益(しょうやく) |
| 1～3歳 | 緑子(児)／緑女　(黄子／黄女) |
| 4～16歳 | 小子／小女 |
| 17～20歳 | 少丁／少女　(中男／中女) |
| 21～60歳 | 正丁／丁女 |
| 61～65歳 | 老丁／老女 |
| 66歳～ | 耆老／耆女 |

（女性は令の建前では未婚・既婚・寡の区別が優勢）

**【参考】下野国の九郡と七〇郷と推定人口数についての試算**

（近江・森先2019を参考に算出）

- 足利郡（大窪、田部、堤田、土師）4下郡（200戸）1戸26人の場合5,200人/ 1戸23人の場合4,600人
- 梁田郡（太宅、深川）2小郡（100戸）1戸26人の場合2,600人/1戸23人の場合2,300人
- 安蘇郡（安蘇、談多、意部、麻続）4下郡（200戸）1戸26人の場合5,200人/1戸23人の場合4,600人
- 都賀郡（布多、高家、山後、山人、田後、生馬、秀文、高栗、小山、三嶋）10中郡（500戸）1戸26人の場合13,000人/1戸23人の場合11,500人
- 寒川郡(真木、池邉、奴宜) 3小郡（150戸）1戸26人の場合3,900人/1戸23人の場合3,450人
- 河内郡（丈部、刑部、大続、酒部、三川、財部、真壁、軽部、池邉、衣川）10中郡（500戸）1戸26人の場合13,000人/1戸23人の場合11,500人
- 芳賀郡（古家、廣妹、遠妹、物部、芳賀、若続、承舎、石田、氏家、丈部、財部、川口、真壁、新田）14上郡（700戸）1戸26人の場合18,200人/1戸23人の場合16,100人
- 塩屋郡（山上、片岡、河會、散伎）4下郡（200戸）1戸26人の場合5,200人/1戸23人の場合4,600人
- 那須郡(大笥、能田、方田、山田、大野、茂武、三和、全倉、大井、石上、黒川)11中郡（550戸）1戸26人の場合14,300人/1戸23人の場合12,650人

合計3,100戸

註：＊郡・郷名は『和名類聚抄』(高山寺本)を参照
＊下野国の推定人口は、1戸＝26人の場合80,600人　1戸＝23人の場合71,300人
1戸23～26人は戸籍などから推定

# 下野国の行政拠点・下野国府

## 国府で働く職員たち

律令制の地方進展に伴い、国府には多くの職員が必要となりました。そのため、現地で多く職員が採用されました。大量の文章を作成するため、文章・帳簿を作成する人、文章を清書する人、文書行政のために必要な紙（造国料紙丁）・筆（造筆丁）・墨をつくる人（造墨丁）、文書を巻物に仕立てる人（装潢丁）、文書函や木簡をつくる人（造函並札丁）たちがいました。その他、造年料《ぞうねんりょう》器《き》仗長《じょうちょう》という器仗をつくる長と丁は、さまざまな物品を製作する官営の工房で働く人たちを指す言葉で、鍛冶、漆、布などの生産に関わる国衙工房が、各地の国府周辺で確認されています。

下野国は上国に位置付けられているため、文書の清書をする大帳税帳所書手が50人、紙を製作する造国料紙丁が50人、造年料器仗丁が50人、雑用を行う国駆使が260人、造筆丁が国別に2名、造墨丁が1名、装潢《そうこう》丁5人が配置されていました。さらに彼らの上には上層の官人が複数名おり、上国の下野国には規定の職員だけでも420名以上の役人（常勤・非常勤を含む）が働いていたと考えられます。

ではどんな書類が国府でつくられていたのでしょう？各地の郡家や国府などでは、収税や兵役などの課役を目的として戸籍や計帳が定期的に作成され、租庸調など税に関する書類「調帳」

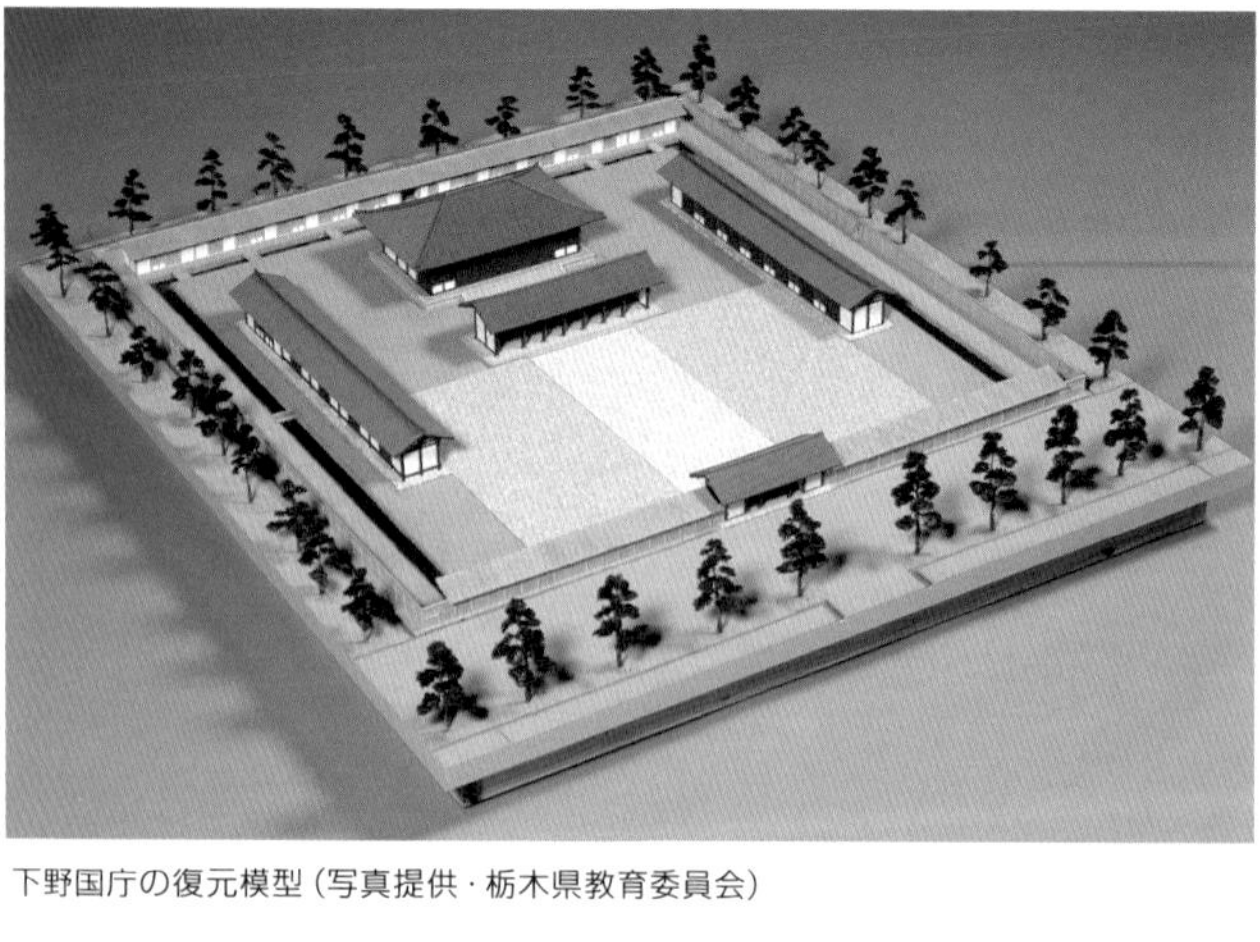

下野国庁の復元模型（写真提供・栃木県教育委員会）

下野国府跡の国庁域全景。中央上寄りの林が宮目神社で正殿指定地（写真提供・栃木県教育委員会）

や役人の勤務評定簿など4種類の書類「四度公文」が作成・清書され、完成した書類には「〇〇国印」という公印が押されました。国司はこれらの書類を都に提出するため行き来したことから「四度使」とも呼ばれました。四度使が都に運んだ主な書類は次の通りです。

・「朝集使」が、朝集帳（国司や郡司などの地方官の勤務成績）を持参
・「大帳使」が、計帳（公民の基本台帳）を持参
・「税帳使」が、正税帳（国府の主な財源である正税（稲）についての帳簿）を持参
・「貢調使」が、調帳（調の品目についての帳簿）を都に提出

これらの書類のほか、枝文《えだぶみ》と呼ばれた付属文書も作成し都に届けました。計帳の枝文は、郷戸帳・浮浪人帳・中男帳・高年帳・廃疾帳《はいしつちょう》・死亡帳・喪遣帳など26種類。朝集帳《ちょうしゅうちょう》の枝文は、21種類、正税帳の枝文が6種類、調帳の枝文10種類など、枝文だけでも60種類以上の文書と干菜帳、鶏帳など国府管理の蔬菜《そさい》類や飼われている鶏などについての報告もされました。

## 下野国府跡出土の木簡と漆紙文書

当時、紙は貴重であり、税物などに直接付けて運搬する際の耐久性や削って再利用できることから、都でも各地域の行政組織でも木簡（木の板に文字を記す）が多く使われました。下野国府跡でも、およそ5200点の木簡や再利用の時に削り落とした「削り屑」が出土しました。

下野国府跡から出土した木簡には、年代が分かるものが含まれています。その多くは、政庁の東西脇殿が焼失したとされる延暦9（790）年から翌10（791）年にかけてのものです（国府Ⅱ期）。これ以外にも、天平元（729）年

の年紀のあるものも出土しています。これらは、その用途に応じて付札木簡、文書木簡が出土しています。付札木簡は、物品の移動に際して品物に付けられたもので、現代の宅配物の送り状のようなもので、物品が届くと不要になるため廃棄されました。

文書木簡は税、物品売買などに関する帳簿や行政文書の類、人を呼び寄せるための召喚木簡、勤務評定に関する考課木簡、文字を練習した習書木簡や書類（巻物）のインデックスに相当する題簽軸《だいせいじく》など、下野国府跡からはさまざまな内容の木簡が出土しました。

このほか、下野国府跡からは役所内に保管されていた口分田班給に関する書類（田籍様文書）が不要になり廃棄され、国府内の漆工房で漆桶にゴミが入らないように蓋として使用されました。その蓋紙に漆が付着して腐敗せずに残ったものが漆紙文書です。下野国府跡出土の漆紙には、延暦9年、日置部という姓の一族がいて、4人の女性と子犬麻呂という子供がいたことが記されています。

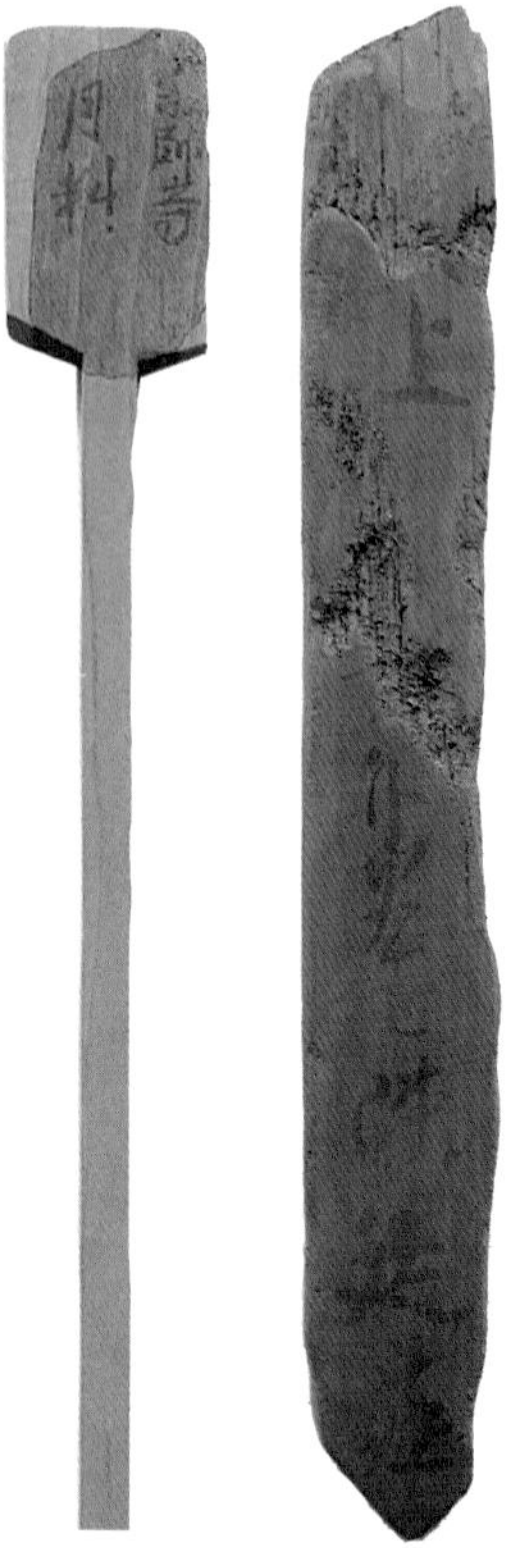

上　外史生陳廷荘

題簽軸（左）と陳廷荘さんの考課木簡（右：いずれも複製、栃木市下野国府跡出土、栃木県教育委員会蔵）

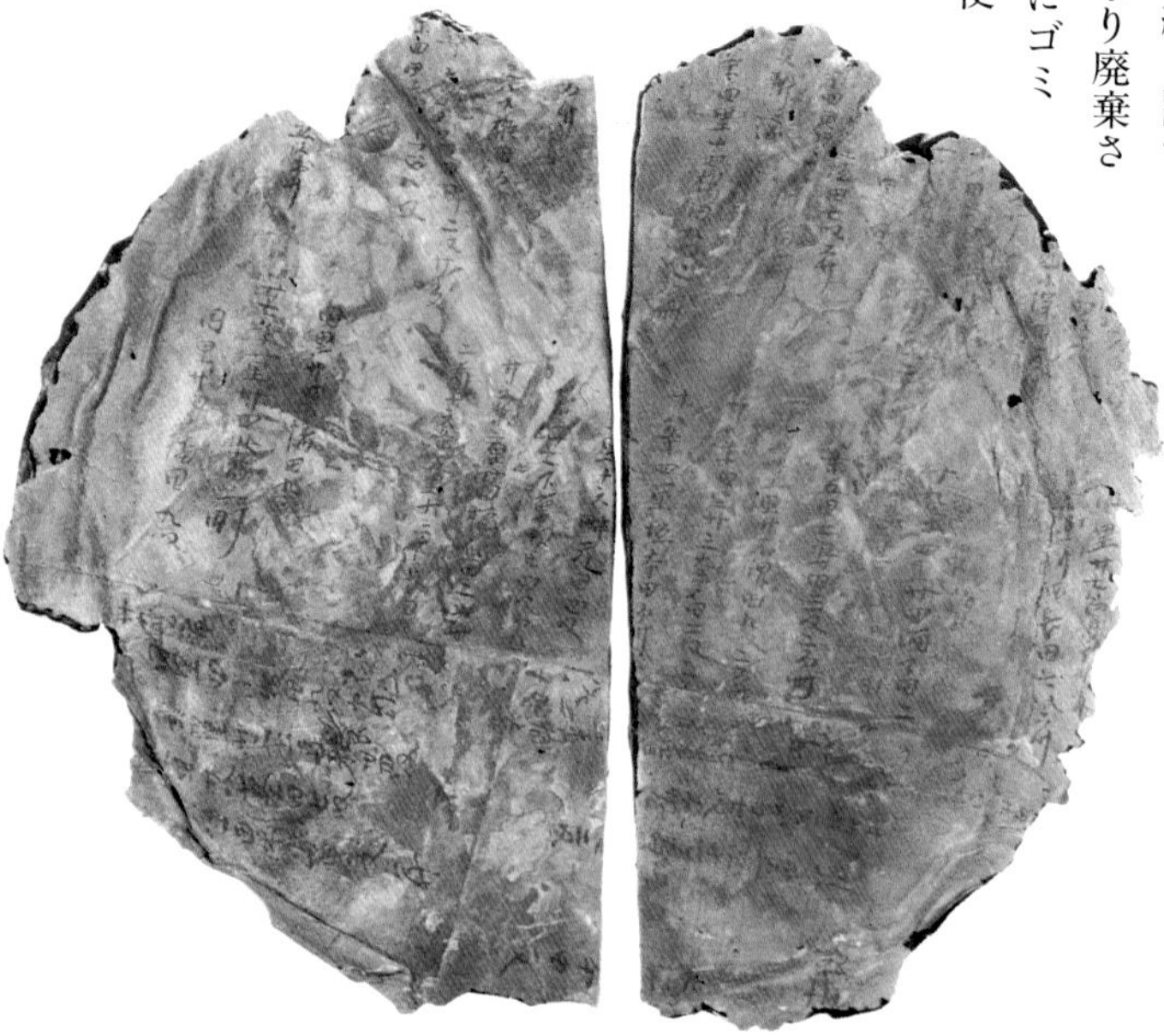

漆紙文書（複製、下野国府跡出土：写真提供・栃木県教育委員会）

## 字が下手で計算が苦手だと出世できない！

現在の県庁や国の出先機構のような役所に相当する各地の国府や大宰府、多賀城などの公的施設で勤務した役人は、数万人規模に相当すると考えられます。四等官を除くとその大半は地方(在地)出身者で、下野国出身の役人は多賀城などへの城柵に転勤でもない限り、長い期間同じ役所に勤務したと考えられます。では、彼らはどこで文字や計算を勉強したのでしょう？　国府には国博士などが所属する教育機関も備わっていましたが、ここで学べるのは基本的には郡司や豪族の子弟などのみと考えられ、それ以外の人がどこで学んだのかはわかっていません。

下野国府跡からは、5200点の木簡が出土しましたがその大半は削り屑で、中には何度も同じ文字を繰り返し書いて練習した習書木簡に分類されるものも多数あります。

字がヘタだと上司に怒られたのか？人事評価で良い評価が貰えなかったのか？一生懸命に文字を練習した痕跡がみられます。都でも役人は日々文字の練習をしたようで、多く習書木簡のほか、論語や漢詩を手習いした内容の木簡も出土しています。

## 職員の勤務評定

都では7000人以上の役人が働いており、毎年、勤務評定(考課)が行われました。当時は太陰暦のため、1年は360日で、常勤職員(長上官：原則5日勤務ごとに1日休暇)は240日以上、非常勤職員(番上官：交代勤務で140日以上、都の屋敷内で働く舎人・帳内・資人)は200日以上の勤務が要求されました。出土木簡などから、これらの日数は最低限の日数で、実際はこの規定をはるかに超えて働いていたと考えられます。

この勤務日数を満たすと、所属する役所ごとに勤務評定されました。常勤職員は9段階評価（上上～下下）、非常勤職員が3段階評価（上・中・下）で、例えば常勤職員で4年間すべて「中中」とすると翌年には位階が一つ上がり、4年間すべて「中上」であれば位階が三つ上がって給料が少し増えました。しかし、休みがちで、一度でも「下」の評価をとると昇進は絶望的でした。

この勤務評定期間は、8月1日～翌年の7月末日までを基準日としました。下野国府や下野国内の郡衙などの役所も同様で、国守が勤務日数や勤務成績を参考に、部下である国司や郡司の評価しました。都の役人も長上官は、原則5日勤務ごとに1日が有休日の規定で、常勤職員は9段階評価（上上～下下）、非常勤職員（番上官：交代勤務で140日以上）は3段階の評価（上・中・下）が行われました。

下野国守が評価した内容は、非常勤職員（番上官）分は、全国役人の人事担当部局である式部省へ、常勤職員（長上官）の記録は太政官を経由して式部省に送られて査定され、評価が良ければ、長上官は4年、番上官は6年ごとに昇進のチャンスが巡ってきました。

下野国府からは、この勤務評定に使用されたと考えられる次の木簡が出土しています。

「□上　員外史生陳廷荘」（国府4040）

この木簡は、下野国府に勤務する令に定められた正規定員を超えて任官された史生《ししょう》（書記官、「しじょう」とも）の陳廷荘さんの勤務評価を記した木簡です（70ページ写真参照）。陳さんはその氏名のとおり渡来系氏族出身者と考えられます。上部の□は、「去と想定され、去上」は前年度の評価が上だったことを示しています。しかし本来ならば、本文の左側に国守によって記されたはずの今年度の評価が記されておらず、もしかすると、出勤日数が足りず評価基準に達していなかったのかもしれません。

「去□大伴部□公　○」（国府4141）

こちらは大伴部□公さんの昨年度評価が記された考課木簡ですが、残念ながら下が欠損しており内容がわかりませんでした。このほか、「去□」（国府2797A）、「□國監従八位下　○」（国府2717）など考課に関するような木簡が出土しています。

## 休暇制度

地方の役所の休暇制度については史料がないのでわかりません。当時の下級役人の休暇に関する史料は東大寺で写経をする下級役人（写経生）の休暇届が200通以上残っています。現代人もそうですが、1つの業務が完成し、次の仕事に着手する前にリフレッシュのために休暇をとることがあります。古代の人も同様で、仕事の切れ目に休暇をとっています。また、衣服の洗濯のためという休暇理由も認められていたようです。

　参考までに、平城京で働く写経生の病気休暇の内訳を見ると、病気理由の約半分が腹痛関連の理由で、平城京内の下水処理問題など衛生環境の不備がその原因にあるのでは、との指摘もあります。また、写経生の悩みでもある足の病も多く報告されています。

　ちなみに、下野国府からも医者や薬の調合をする薬剤師に関する木簡「□三郡醫生　薬長差□」（国府3485）や「薬升」と記された墨書土器が出土しています。国府には国医師が配置されており、下野薬師寺や国分寺には医療や薬学の知識を有した僧がおり、寺院の敷地では薬草が栽培されていました。下野国は、他地域よりも医療体制に恵まれていたのかもしれません。

## 地方支配の拠点・郡家

### 郡司の仕事

　中央政府では支配の及んだ地方を統括するため、各地を国—郡—里（郷）の行政単位に区分しました。「評」（701年以降は「郡」）の下位に「五十戸」という行政組織が設けられ、地方は国造—評造—五十戸造（クニ—コホリ—サト）という三段階の組織で統治されました。その後、おおよそ天武12（683）年頃には「里」、後に「郷」の表記になったと考えられています。地域の有力者層から郡司・里長（郷長）が選ばれ、郡の役所である郡家でその職務にあたりました。国司は中央から派遣される官人のため、地方の事情に精通した郡司の助成が必要でした。

### 栃木県内で調査された地方官衙

　全国でも栃木県は、古代の役所や公的施設に関する調査研究が進んだ地域です。これまでに上神主・茂原官衙遺跡（推定河内郡衙）、多功遺跡（推定河内郡衙：上三川町）、那須官衙（那須郡衙：那珂川町）、中村遺跡（芳賀郡衙：真岡市）、堂法田《どうほうだ》遺跡（芳賀郡衙：真岡市）、千駄塚浅間遺跡（推定寒川郡衙：小山市）、国府野《こうの》遺跡（推定足利郡衙：足利市）、西下谷田遺跡など、多くの遺跡が調査されました。

　各地で地方支配の拠点として、国府よりも郡家が先に整備された傾向が確認されています。早ければ7世紀中頃、多くは7世紀末～8世紀初頭に郡家

那須官衙正倉模型（写真提供・那珂川町教育委員会）

（評家）が成立します。ただし、7世紀中頃の評の時期に成立した官衙は、施設（建物）の数も少なく、後の郡庁・正倉・館・曹司・厨などのような施設構成が整っていないことから、行政や儀礼を十分に行える施設でなかったと考えられています。このような施設の登場は7世紀末～8世紀初頭と考えられ、これらの施設は律令制の衰退期までには数回の改変が行われました。

## 郡司（大領《たいりょう》・少領《しょうりょう》・主政《しゅせい》・主帳《しゅちょう》）

郡司には当初、国造に任命されていた地方有力豪族の子孫などが任命されました。しかし、郡司は終身官でなく、国司が郡司の勤務成績を評定し、式部省に報告する制度となっていました。その評価内容により、評価が高ければ複数年の成績次第で位は上がり、不備な場合は有能な人材に変えて登用する決まりとなっていました。新規採用の場合、候補者は朝集使に伴われて上京し、式部省に出頭して「試練」（筆記試験、郡領以外は口頭による「試」のみ）を受け、合格すると式部省から太政官に採用が申上され、大臣が天皇に奏上しその採可を受けました。

## 郡家の職員構成

郡家にも国庁同様、大領（長官）、少領（次官）、主政（判官）、主帳（主典）の四等官が置かれました。このほか綱領という職務が郡司にはあり、国府に集められた税「調」をそれぞれの郡で選出された運脚を連れて都まで運ぶ職務もありました（綱領郡司）。

郡家には、四等官のほか、案主《あんじゅ》（「あんず」とも。文書起案・雑事管理）、書生（文書清書）、鎰取《かぎとり》（鍵の管理）、税長（正税の管理）、調長（調の徴収）、庸長（庸の徴収）、庸米長（庸米の管理）、徴税丁（租・出挙の徴収）、服長（機織りの管理）、厨長（厨房の長）、駆使(厨房の雑用)、伝馬長(伝馬の管理・運営)、駅使舗設丁(駅使の接待)、伝使舗設丁(伝使の接待)、器作(器具の製作)、造紙丁(紙の製作)、採松丁(松明つくり)、炭焼丁(炭焼き)、採藁丁《さいこうちょう》などの職務があり、郡の規模にもよりますが、臨時職員を含むと一郡家には40~50名程度の郡雑任とよばれる下級役人・非正規雇用職員が勤務していたと考えられます。彼らは地元採用なので、近隣の集落から通っていたと考えられます。河内郡衙と想定される上神主・茂原官衙遺跡の北側にも多くの竪穴建物跡が確認されており、周辺に大規模な集落があったことが予想されます。

郡に勤務する雑任は基本的に無給ですが、勤務成績が認められ八位以上の位階に任じられれば庸調などの課役は免除となりました。初位でも舎人や史生の長上官(正規雇用)になれば、課役が免除されました。さらに八位以上に任じられた下級役人の子は、位子などとして役人になる道が開ける優遇措置がありました。このほか、里長や駅長、烽長などの地域の有力者から選出・任命される職も同様でした。朝廷から任命される者以外の公的な労働は、成人男子の庸(課役)や雑徭などの税負担の一部とみなされました。

**蔭位《おんい》の制《せい》…父祖の官位によって、子の初任の官位が決まること**

・**下級役人層出身者Aさん**:17歳から勤務開始すると位階が上がるチャンスは8年に1度で、25歳で少初位下に叙せられます。その後8年ごとに位が1つずつあがるとすると正八位上にたどり着くのは81歳。6年ごとでも67歳。ほぼ昇進は期待できませんでした。

・**家系蔭子孫・位子といわれる貴族や官僚の一族出身のBさん**:17歳からトネリとして勤務。最初から正八位上に叙せられ恩恵を受けました。その後の働きにもよりますが、家柄によっては昇進が約束されました。

# 駅路の整備と五畿七道

## 官道の整備と駅制

古墳時代の中頃以降、ヤマト政権との結びつきが深かった地域は、律令期の道路網整備以前から政権の所在する大和や河内地方と地方を結ぶ連絡網があったと考えられます。その後、東アジアのさまざまな制度を見習い国の分割や七道制の整備を進める中で、白村江の敗戦、壬申の乱などを契機に中央と地方を結ぶ道路網の整備が着手され、大宝律令によって制度化されたと考えられています。

古代における七道制の採用や道路網は、中央集権体制における都での政治・行政上の意思決定、また、地方における災害や飢饉、反乱、外交問題などの緊急事態を早く正確に情報伝達し、人やモノを的確に移動させることを目的として整備が進められました。

古代の公的交通制度には、駅制と伝馬制という2つの制度があり、駅制では駅（駅家《うまや》）は公務旅行者に乗用馬、宿泊、休憩、食事などを提供する施設として、駅路（駅制で使用する都と地方を結ぶ連絡道）に沿って原則30里（約16km）ごとに配置されました。駅制には大路・中路・小路の別があり、その等級に応じて、駅家に置かれる駅馬は20疋・10疋・5疋という差が設けられました。東海道と東山道の主道は中路、枝道は小路と規定されていました。これらの馬は、諸国の間の緊急連絡、公文書の伝達、特別の要務による官人の旅行などに用いられました。

伝路は郡家と郡家を連絡し、主に伝使が通る路で、伝馬が通る道を「伝馬路」と区別する場合もありました。伝馬はすべての郡で一律5疋配置され、不足が生じた時は「私馬」を使用してもよい決まりとなっていました。また、30里間隔を基本に設置された馬家と違って郡ごとに配置される伝馬の場合、各郡家に置かれたので郡の広さによってその移動距離も異なりました。これらのことに関する決まりは、大宝律令の厩牧令《くもくりょう》に詳しく決められていました。

その他の官道として、都市計画とし

て造られた都や国府の朱雀大路、条坊制により敷設された大路（平城京の二条大路は105大尺37・3m）・小路（平城京の多くの小路は20大尺：7・1mまたは、20小尺：5・9m）、国府と駅路をつなぐアクセス路、官営の施設（国分寺・尼寺などの官立寺院、郡家別院、津、牧など）をつなぐアクセス路なども公の道（官道）で、定期的に補修・修繕が行われました。

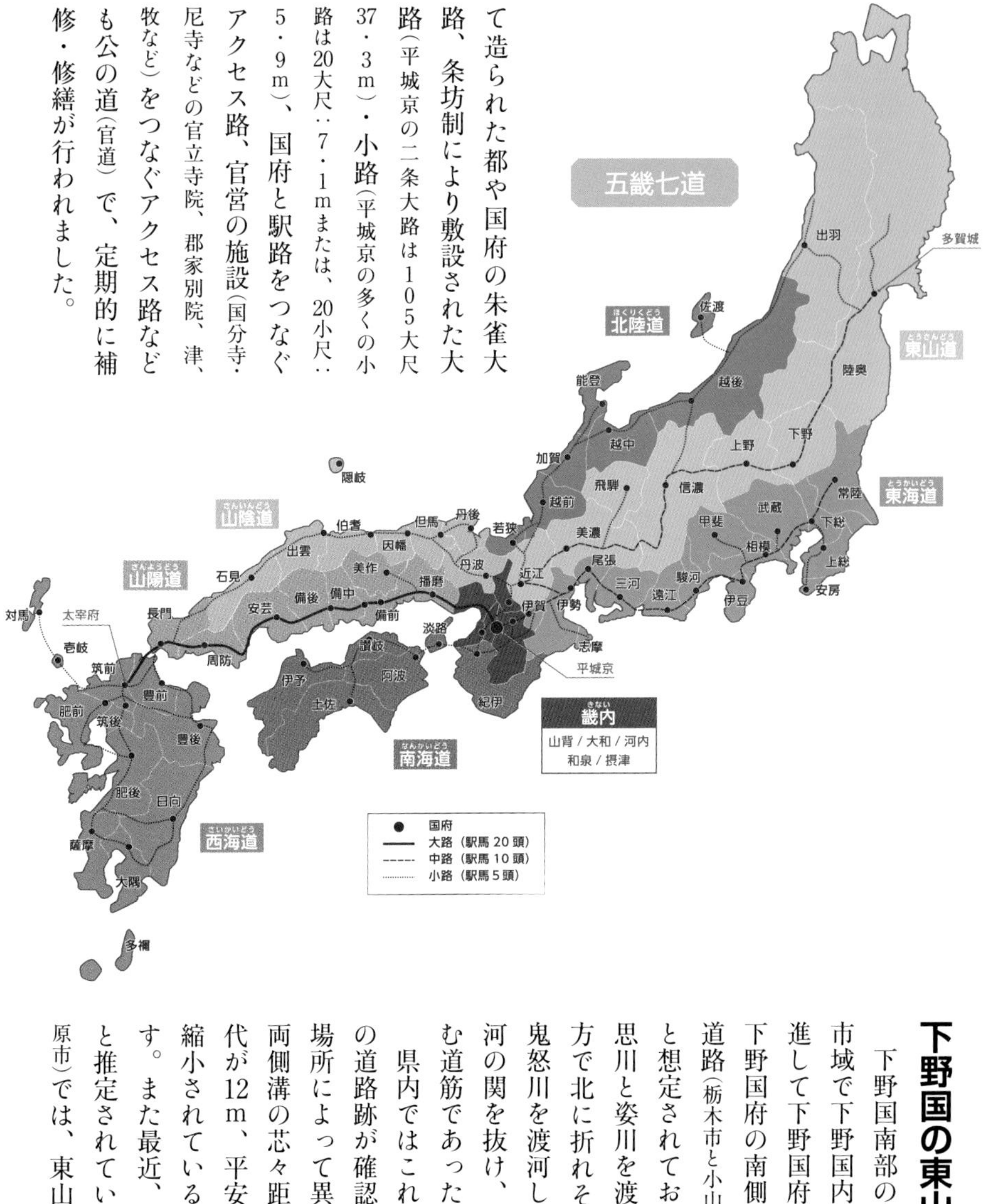


## 下野国の東山道駅路

下野国南部の東山道は、現在の足利市域で下野国内に到達し、そこから東進して下野国府方面に至ります。現在、下野国府の南側に所在する東西方向の道路（栃木市と小山市の市境線）がその痕跡と想定されており、そのまま東進して思川と姿川を渡河し、下野薬師寺の南方で北に折れそのまま北上して田川・鬼怒川を渡河し、那須郡衙を通過し白河の関を抜け、陸奥国・多賀城へと進む道筋であったと考えられます。

県内ではこれまでに10数カ所で古代の道路跡が確認されています。時期や場所によって異なりますが、県内では両側溝の芯々距離で計測すると奈良時代が12m、平安時代には6mに規模が縮小されている道路も確認されています。また最近、古代那須郡の磐上駅家《いわかみのうまや》と推定されている小松原遺跡付近（大田原市）では、東山道と推定される両側溝芯々間の幅が10～12m規模の道路跡も確認されていました。

## 古代の馬

馬は4世紀末～5世紀初頭に朝鮮半島から乗馬や飼育の技術と共に渡来しました。当初はヤマト政権の本拠地である畿内地域で飼育されていましたが、古墳時代中期になると各地の古墳から副葬品として多数の馬具が出土することからヤマト政権との結びつきの深い地域では、比較的短期間に地方の豪族でも馬を所有することができたと考えられます。特に信濃や毛野では渡来系移民の技術などにより、早くから馬の飼育がおこなわれていたと考えられています。

古代の馬の大きさについては、遺跡に残された蹄跡や歩幅などから体高（大きさ）が推定されており、トカラ馬・宮古馬のような小形馬（体高115㎝、体重約190kg）や木曽馬・北海道和種のような中形馬（体高130㎝、体重約300kg）で、サラブレット（体高165㎝、体重約500kg）に比べると随分小さいことがわかっています。

ちなみに、下野国府からも「川原毛牝馬　鵄毛牝馬　歳五」（国府2359）、「月廿二日　□□馬　□（鹿）毛牝馬歳十三」（国府4228）、「□□（馬帳）進」（国府2752）、「馬馬」（国府425）など馬に関する木簡が数点出土しており、2359は5歳の牝馬2頭について書かれたものですが、毎年、各牧からは5歳馬が都の左右馬寮に送られる決まりとなっていました。下野国には、兵部省所管の官牧として朱門牧《あかまのまき》が置かれていたことから、この4228や2752が牧帳に関する仮定すると、これらの木簡は朱門牧と関連があるのかもしれません。

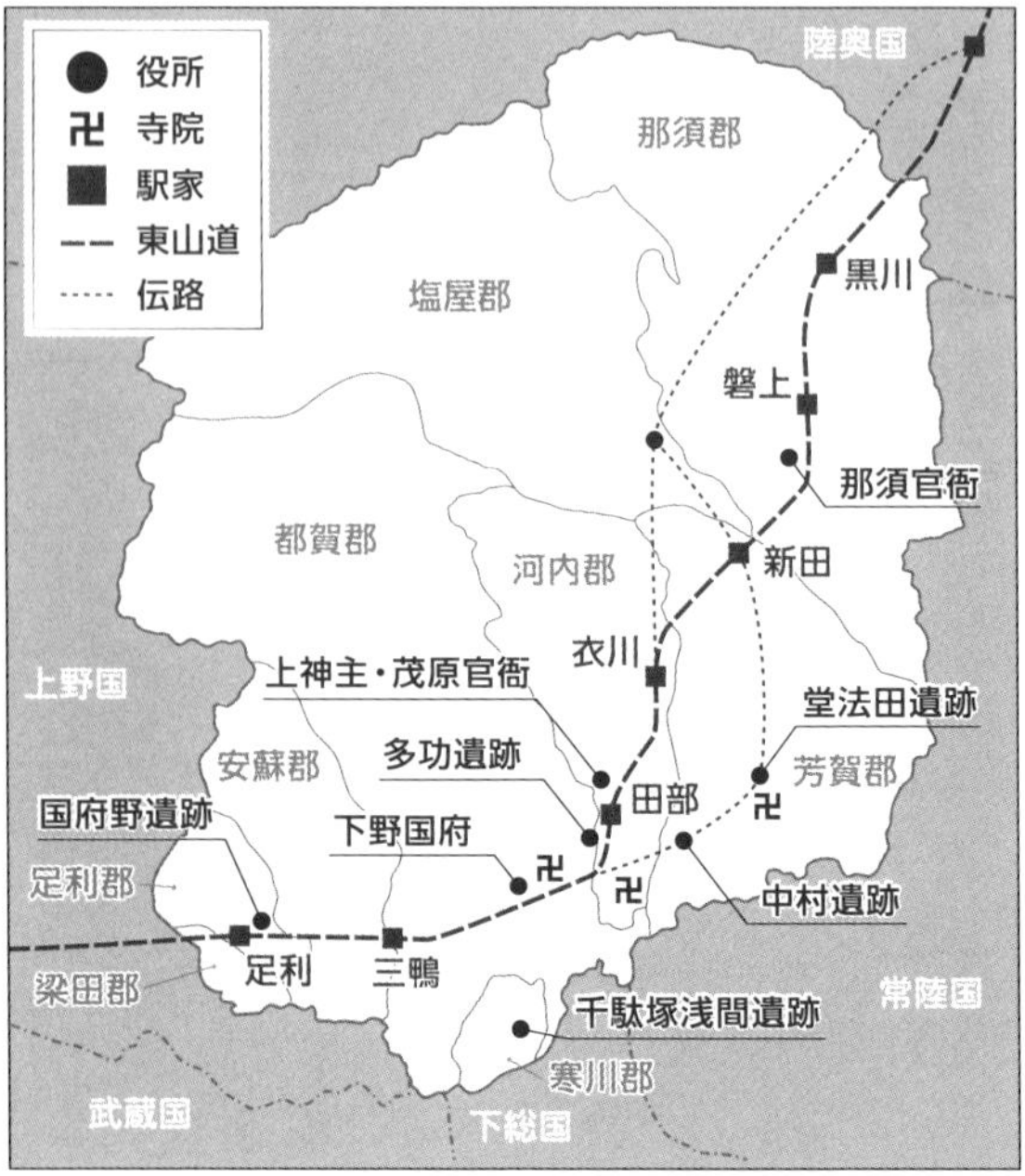

下野国内の東山道と駅家

# 下野薬師寺の大改修と下野国分寺・国分尼寺の建立

## 「下野国薬師寺造司工」の活躍

7世紀末に創建された下野薬師寺は、730年頃に畿内の大寺院に例えられるほどの大改修が行われたことを史料から読み取ることができます。『正倉院文書』によるとこの改修のため、公の組織として下野国府に「下野国造薬師寺司」が設置され、天平5（733）年には平城京右京三条三坊に本籍を有する於伊美吉子《うえのいみきこ》首《おびと／おぶと》（79歳、84ページ地図参照）が、「下野国薬師寺造司工」として赴任しています。彼は氏名から渡来系の工人と考えられ、また、年齢から想定すると子首は、若い頃から藤原京や平城京の役所や大寺院の建設に携わったと考えられます。さらに天平10（738）年に僧宗蔵以下12名が「下野国造薬師寺司」として赴任するため、駿河国を通過する際に36日分の食料の支給を受けたことが『正倉院文書』「駿河国正税帳」に残されています。

このように中央政府公認の東国仏教文化の拠点として、大改修のために公費や人材が投入され、平城京や畿内に所在する巨大寺院に匹敵するような「寺格」が与えられました。

## 戒壇の設置

天平勝宝5（753）年に鑑真が来朝

下野薬師寺全景CG（コンピューターグラフィックス：南側から）

し、翌6年には東大寺大仏殿前に仮の戒壇が設置され、聖武上皇以下約400名の僧が、正式な僧の戒律を学ぶための戒を授かりました。その後、東大寺には正式な戒壇院が建設されました。天平宝字5（761）年の淳仁《じゅんにん》天皇の勅には、東山道の碓氷《うすい》峠より東の国々の沙弥《しゃみ》・沙弥尼《しゃみに》は下野薬師寺を戒壇として、また、西海道諸国の沙弥・沙弥尼は、「遠の朝廷」大宰府に伴う筑紫観世音寺を戒壇として受戒することが定められました。東大寺・筑紫観世音寺・下野薬師寺の戒壇は、後に「本朝三戒壇」と称されました。

東大寺では十師（10名の試験官）、下野薬師寺と筑紫観世音寺では五師により受戒が行われました。下野薬師寺の場合、下野国司が都の太政官に書類を送り天皇に上奏されます。その後、治部省官人が度縁の末尾に受戒の年月日と署名を行い、さらに治部省印を押印した戒牒が沙弥・沙弥尼に下されました。これを受け取ると正式な僧として、畿内の寺院や各国の国分寺、国分尼寺に勤務することが可能となります。

下野薬師寺には、東国各地から日光男体山を開山した勝道《しょうどう》上人のように僧を志す優秀な人材が多く集まりました。また、道鏡も造下野国薬師寺別当として、下野薬師寺で生涯を終えました。平城京の朝堂院南東のSD（溝の略号）3715（朝堂院南東）から、

（表）鵭（とき）樢文倭利足梁田／

（裏）□（塩カ）□

安宗寒川都賀阿内

と、下野国の郡郷名が記された木簡が出土しています。

1枚の木簡に下野国内の郡と郷名が羅列されている例は稀で、平城京の研究者からは、道鏡が下野薬師寺に流罪になった時の何かを示す木簡の可能性が指摘されています。

下野薬師寺五重塔・回廊・中門CG

## 国分寺建立の詔とその背景

　国分寺、国分尼寺の建立や大仏の造立などの仏教興隆政策は、留学僧道慈・玄昉が伝えた、唐の諸州に則天武后が設置した大雲寺がモデルと考えられています。しかし、唐の仏教政策は僧寺のみが対象で尼寺は建立されておらず、国分寺と尼寺が日本独自の官立地方寺院となった背景には、光明皇后と安倍内親王（のちの孝謙天皇）の関与があったと考えられています。

　天平15（743）年、紫香楽宮において大仏造立の詔《みことのり》を発しますが、地震など相次ぐ自然災害や天然痘の流行のため、平城京に戻り東大寺で大仏造立を進めます。また天平12（740）年6月には諸国に七重塔建立が命ぜられ、天平13（741）年2月に国分寺建立の詔が発せられます。この七重塔には、聖武天皇直筆の「金字金光明最勝王経」が納められました。また、国分寺の正式名称を「金光明四天王護国之寺」とし、最勝王経《さいしょうおうきょう》や四天王の擁護により国ごとの災いや病気一切を消滅するという考えのもとに建立されました。尼寺の名称は法華経の教えにより、罪が減ぜられるという考えから「法華滅罪之寺」と命名されました。

　僧寺には20人、尼寺には10人を置き、寺の財源として、僧寺には封戸を50戸、水田十町を施し、尼寺（国分尼寺）には水田十町が施入されました。

　国分寺と尼寺については、2つの寺は距離を置いて建て、僧尼は教戒を受けること、僧尼に欠員が出たら直ちに補充すること、毎月8日に、必ず最勝王経を読み、月の半ばには戒と羯磨《かつま》を暗誦すること、毎月の六斎日（八・十四・十五・二十三・二十九・三十日）には、魚とりや狩りをして殺生をしてはならず、国司は、常に監査を行うことと決められました。

下野国分寺七重塔と中門CG（北西より）

# 下野国分寺・尼寺が建立された頃の下野国

大規模で継続的な古墳の築造が終了した後の飛鳥時代から奈良時代前半にかけて、古代の下野市周辺では下野薬師寺の建立、河内・都賀郡衙の建設、東山道の敷設、下野国府の建設などの土木・建設工事が相次いで行われました。さらに8世紀前半には、下野薬師寺の大改修が行われ、その直後には、下野国分寺や尼寺の造営が続いて行われました。

下野国分寺跡・尼寺跡からは、「寒川・都可・田・足・矢」などの文字の印を押したもの（押印）や「那・可・内・塩・田・安・郡」などのように生乾きの瓦にヘラで文字を書いたもの（ヘラ書き）など、各種の文字瓦がおよそ3000点出土しました。この瓦に記された文字の多くは、旧国内の郡や郷の名前を示しています。これらの文字は、①寺院造営のための経費がきちんと使用されているか確認するために書かれた説、②個人が信仰のために寄付したという説、などが想定されています。中には数点ですが「下野国・下野」や個人の名前が記されたものも確認されています。

古代の下野市周辺には、建設に携わる人たちが多く住み、田畑が開墾され、下野国内で一番拓けた地域となりましたが、それ以前からの景観や環境も変わり、住民たちの負担も多かったことと考えられます。

下野9郡と出土した文字瓦

# 都のくらし

## 奈良時代の人口

奈良時代前半の政府が戸籍や計帳などで掌握していた北関東から九州南部の人口は、どれくらいだったのでしょうか？　考古学者の近江俊秀は平安時代に編さんされた『和《わ》名《みょう》類《るい》聚《じゅ》抄《しょう》』に記載されている諸国の郡・郷の数から国ごとの推定人口を算出しています。この試算によると全国の郡の数は584、郷の数は4026、推定人口は402万6000人という説がとられています。また、この試算では全国の耕作可能な水田面積は86万1567町（100万1367・8ha）、推定収穫量（1億4215万8555・0kg）、3228万6029束（1586万3587束の正税、1642万2442束の公廨稲）の稲が納められたと推測されています。下野国には9郡70郷あり、約7万人が暮らし（67ページ参照）、20・155町（23・946・2ha）の水田が可耕され、そこからは332万5575kgのコメが収穫され、60万束の稲（30万束の正税、公廨稲30万束）が税として納められたと試算しています（近江・森先2019）。

## 都の役人（住まいと通勤）

下毛野朝臣古麻呂が長官を務めた式部省は、重要な役所のため、約120名が働いていました。このうち「卿・輔・丞・録」の四等官は11名で管理職のような立場の人でした。この式部省が、

藤原京の役人の仕事風景（写真提供・奈良文化財研究所）

# 平城京周辺

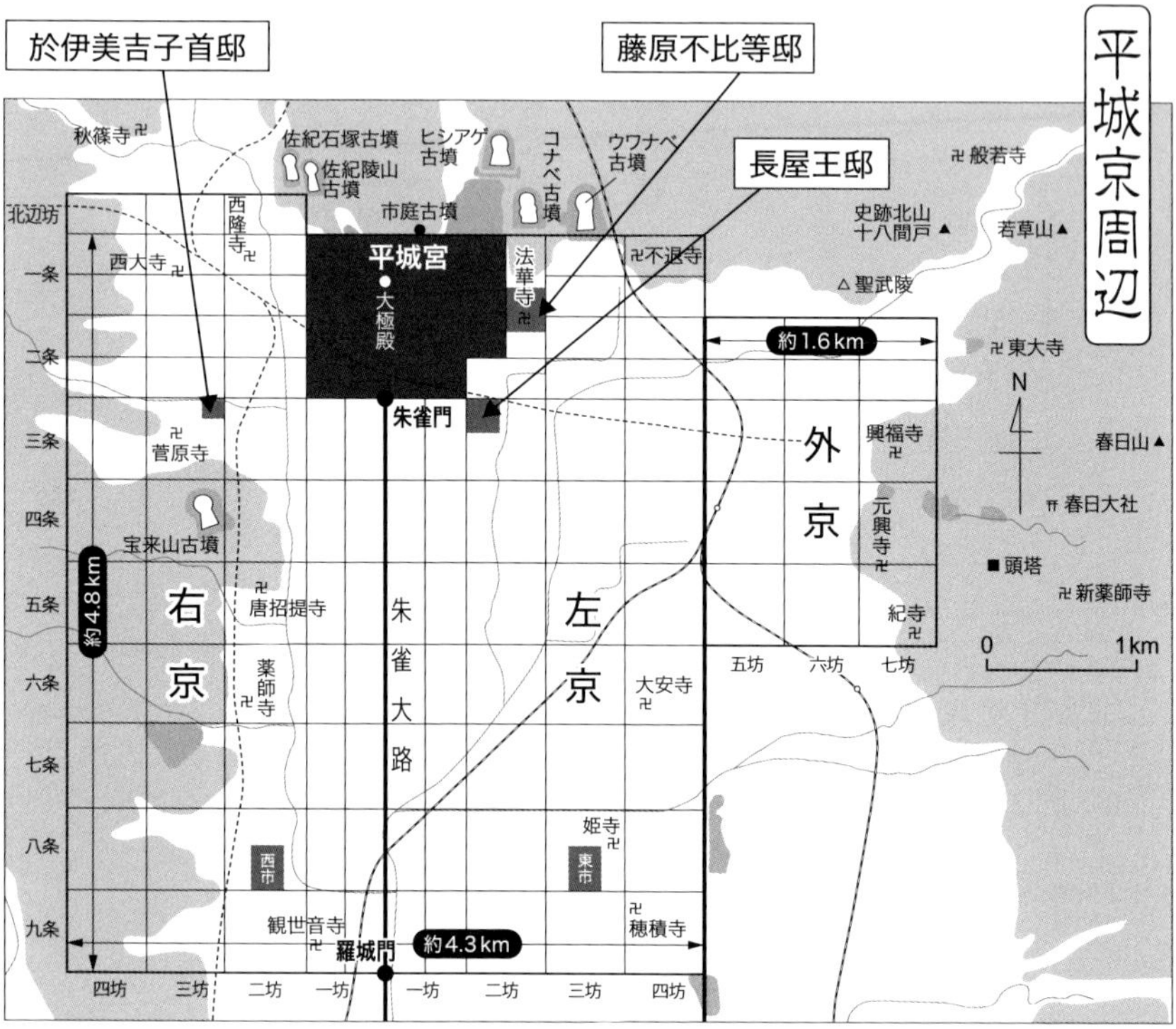


都と地方に勤務するすべての役人の勤務を把握していました。平城宮では、約7000人の役人が働いていました。平城京に暮らす下級役人は、位が低ければ低い程、勤務先の庁舎から遠いところに住んでおり、宮内の庁舎まで約4㎞、徒歩で50分以上離れた500㎡程度の敷地（1／32町）の小さな板葺きの家に住んでいました。そのために、下級役人は夜明け前に起きて1時間以上歩いて通勤しましたが、藤原不比等や長屋王は歩いても10分とかからない約6万6000㎡（2万坪）の広大な敷地の屋敷に住んでいました。また、平城京内に下野寺が建立されていた記録がありますが、位置は特定されていません。

＊平城京に住む五位以上の貴族は、平城宮に近い五条大路よりも北に1町（1万5000平方メートル・5000坪）以上の宅地が与えられ、下級役人は平城京の南の方に500〜1000平方メートルの宅地が与えられました。

## 巨大都市平城京

平城京は東に春日山、北に平城山、西に生駒山、南に開けた道教思想の四禽図《しきんず》(青龍・朱雀・白虎・玄武)に叶う良い地形に造られました。東西4・3㎞、南北4・8㎞の長方形を基本として、その東の五条以北に外京と呼ばれる張り出し部、また、北には北辺坊と呼ばれる張り出し部が付く巨大な都城で、京の北辺中央に大極殿、朝堂院、多数の官衙と内裏が配置された宮が位置しました。

京は朱雀大路の東側を左京、西側を右京と呼び、それぞれに東西の市が置かれていました。朱雀大路は両側に側溝を持つ幅約74ｍの巨大な道路で宮域の南門に朱雀門が置かれ、朱雀大路と京の最南端の九条大路が交差する京域の南門として羅城門が置かれました。

このような巨大都市の平城京に居住した人口は、10～15万人の試算が行われています。近年の研究では10万人という説、さらに少なく5～6万人説などもあります。この差は利用できる土地に隈無く人が住んだ場合は10万人程度、ある程度の空き地があった場合は5～6万人という土地利用のあり方の差のようです。

居住者の階層は、五位以上の貴族が120人前後(家族を含め約1200人)、六位以下の下級役人が約1～2万人と想定され、都に住む人の多くが、何らかのかたちで役所とかかわりをもち、工人・職人、商売にかかわる人は少なかったと考えられています。このほか、居住者ではなく一時滞在者も平城京内には多くいました。例えば、各国から京の守衛のために郡単位で徴発された衛士、里ごとに集められ、各官司の雑務に従事させられた2人1組の仕丁、調庸の税物の運搬のために上京した運脚、各国が京に持っていた「調邸」に派遣された人々唐をはじめとする東アジア諸国の使節や商人など、さまざまな人たちが一時滞在し、京域を行き来しました。

# 奈良時代の食生活

## 平城京の木簡が謎を解く

1980年代後半の平城京左京三条二坊の発掘調査で、大規模な邸宅跡が発見されました。この邸宅は出土した木簡から、長屋王の邸宅であると考えられています。この邸宅のゴミ穴からは3500点に及ぶ木簡が出土しました。この木簡や平城宮跡から出土した木簡の中には、穀物、魚介、海草、獣肉、野菜、果実、調味料、漬物などたくさんの食材が記されています。長屋王をはじめ当時の貴族のもとには都に近い菜園からほぼ毎日のように届けられた新鮮な野菜が食卓にのぼっていたことがわかりました。

貴族の食膳（復原）（写真提供・奈良文化財研究所）

① 水須々保理《みずすすほり》（塩水に漬けて発酵させた漬物）／② 茄子瓜入醤《なすうりいりひしお》（塩漬けのナスと干した瓜を醤に漬けたもの）／③ 菓子（干し柿、草もち、煮あずき）／④ 荷葉飯《はちすいい》（ハスの実入りごはんをハスの葉で包んだもの）／⑤ 焼海老（クルマエビの塩焼き）／⑥ 野菜茹《やさいのゆでもの》（焼いたタケノコ、フキ、菜の花）／⑦ 焼鰒《やきあわび》（そぎ切りにした鮑、はらわた・ワカメ添え）／⑧ 蘇（牛乳を加熱濃縮した乳製品）／⑨ 鮮鮭鱠《なまざけのなます》（生鮭、ダイコン、紫菜《のり》）／⑩ 鹿醢《かのししひしお》（鹿の細切り肉の糀入り塩辛）／⑪ 生加岐《なまかき》（生牡蠣、刻みネギ、二杯酢）／⑫ 干蛸（皮を取り、焼いてから干した蛸）／⑬ 熬海鼠《いりこ》（戻した干し海鼠、たたきトロロ・ワサビ添え）／⑭ 鴨羹《かものあつもの》（鴨とセリの汁）／⑮ 塩／⑯ 醤《ひしお》（醤油に似た液体調味料）／⑰ 飯《いい》（ハスの実入りごはん）

## 木簡が語る古代の食材(野菜)

都で出土した木簡には、「菁」(カブラ)、「大根」、「知佐(チシャ菜)」、「古自(コリアンダー)」「奴奈波・ぬなは(じゅんさい)」、「薊(アザミ)」、「生薑(しょうが)」、「芹」、「葵」、「羊蹄(ギシギシ)」、「茄子」、「蕗」、「蓮葉」、「茶(苦菜)」などは生野菜と漬物として届けられたものがあります。漬物は「加須津(粕漬け)」、「醤津(醤漬け)」の2種類の漬け方で、「毛瓜(冬瓜か)」、「名我(茗荷)」、「韓奈須比(茄子か)」が漬物として食べられていたようです。豆類は大豆、小豆(あずき)、大角豆。芋類は山芋・家芋。その他、胡麻の記載が確認されています。

調味料は、胡麻油、塩、醤は小豆を加工したしょうゆに近い調味料、酢は米を醸造してつくる調味料で「未醤」(ミショウ・マッショウ)という記載があるが、味噌に近い調味料と推測されています。

## 木簡が語る古代の食材(魚介類)

長屋王邸からは「鰒(アワビ)」、「御取鮑」、「割鰒」、「麁(あら)堅魚(カツオ)」、「煮堅魚」、「年魚(アユ)の塩ゆで後干物」、「若海藻」、「真手蛤交腊(マテ貝と蛤の混じった干物)」、「佐米楚割(鮫の干物)」、「須須岐(鱸)」、「赤魚(鱒)」、「鯛楚割」、「雑魚楚割」、「鯵」、「鰯」、「滑海藻」が確認されています。

## 木簡が語る古代の食材(肉類)

肉類は、肉、鹿肉、猪干し肉、雉、鴨、鶏の煮物などがあります。その他、牛乳、蘇(チーズの一種)があり、果物は「御菓」=水菓子=果物類 栗、梨、由(柚)、柿、胡桃子(くるみ)、心太(ところてん)、「角俣(つのまたのり)」、「伊支須(いぎす)」、「大凝菜(おごのり)」、「小凝菜(いぎす)」氷、羹《あつもの》(肉野菜入りスープ)などがあります。

当時の物価表(『飛鳥・藤原京展』より)

| 品目 | 単価(単位あたりの値段) |
|---|---|
| 飯 | 1文/笥 |
| 酒 | 1文/升 |
| 鮭(さけ) | 20文/隻＊ |
| 細螺(しただみ:巻貝の一種) | 6文/升＊ |
| 瓜 大 | 0.5文/顆＊ |
| 小 | 0.25文/顆＊ |
| 茄子(なす) | 3文/升＊ |
| 筍(たけのこ) | 2文/把＊ |
| 柿 | 6文/斗＊ |
| 梨 | 1文/升＊ |
| 止己侶(ところ:山芋の一種) | 2文/升＊ |
| 芥(からし:香辛料) | 1文:把＊ |
| 鴨 | 25文/羽＊ |
| 布 | 200文/端＊ |
| 漆(うるし) | 50文/合 |
| 墨(すみ) | 18文/廷＊ |
| 瓶(へい:首の細長い壺) | 10文/口＊ |

無印:長屋王家木簡にみえる物価
＊:二条大路木簡を中心とする天平年間前半の物価

# エピローグ

古代の東国は「アズマ」とも呼ばれました。『日本書紀』ではヤマトタケルが碓日坂《うすひさか》で弟橘媛《おとたちばなひめ》を偲んで「吾嬬はや」と感慨に耽《ふけ》ったという伝説、『古事記』では、足柄坂で白鹿になってあらわれた坂の神に蒜を投げつけたところ、「阿豆麻波夜（目に当たってしまった）」と嘆息したことから「阿豆麻」となった、という伝説があります。

アズマの「ツマ」の元の意味は「端」（辺境）という意味とされ、ヤマト政権の所在した畿内から見た東の辺境の土地という概念で、その範囲は時代により変化します。大化の改新、壬申の乱の頃は、三関《げん》（不破《ふわ》・鈴鹿《すずか》・愛発《あらち》）以東とされ、その後畿内と七道の概念が固まってくると、アズマ＝東国は、東海道では遠江国以東、駿河・相模・甲斐・武蔵・安房・上総・下総・常陸国が該当し、東山道では信濃国以東とされ、上野・下野のほか、陸奥・越後・出羽の蝦夷までを含んだ2種類の範囲を対象とした概念ができました。

『万葉集』に記されている防人の徴発地も蝦夷地を除く範囲を東国としており、古墳時代以降平安時代終わり頃まで、約４００年間にわたり東国の成人男子は最前線に送られ、その家族は長い間、度重なる別れの悲しみを抱く生活に見舞われたことと思います。

古墳時代の毛野の中心地域では、4世紀代に前橋八幡山古墳（墳長１３０ｍ）、前橋天神山古墳（墳長１２９ｍ）、5世紀初頭に高崎市浅間山古墳（墳長１７５ｍ）、5世紀中頃には太田天神山古墳（墳長２１０ｍ）が築かれました。このように約１５０年間にわたり勢力を拡大し続け、その勢力も前橋から倉賀野、さらに太田へと延伸・拡大しました。前橋天神山古墳からは中国伝来の舶載鏡が4面出土し、太田天神山古墳の埋葬施設には、畿内の古墳同様の組合式長持形石棺が用いられました。

これらのことから、東国一巨大な古墳の築造を可能とする一大勢力完成の背景には、ヤマト政権との強力な結びつきや後ろ盾があったと考えられますが、果たしてヤマト政権は諸手を挙げて東国における毛野の勢力拡大に協力をしたのでしょうか？

古代中国の中華思想同様、近畿地方に本拠をおいたヤマト政権から周辺地域をみると、すべてが未開の地域とみられたと思います。この中で後に坂東と称される東国は、どのように見られていたのでしょう？

「毛人」という名称は、九州南部の熊襲《くまそ》や隼人《はやと》を指した衆夷《しゅうい》同様、ヤマト政権に服属しない東国に住む集団を指した言葉と考えられています。『宋書倭国伝』の倭王武の上表文には、武王（雄略天皇）は、「東の毛人の五十五国」を平定したと記されています。埼玉県行田市埼玉《さきたま》古墳群の稲荷山古墳出土金錯銘《きんさくめい》鉄剣の銘文には、この古墳の被葬者とされる「乎獲居臣《おわけのおみ》」はワカタケル大王の杖刀人《じょうとうじん》として王権に仕えたと記されており、この地がヤマト政権の東国経営拠点としてヤマトの勢力に組み込まれたことは明白で、乎獲居臣の役割は利根川北側の地に古代東国随一の勢力を誇った毛野を監視し、状況によっては周辺の地域勢力同士を戦わせ双方の力を削ぎ落とす計略としたのかもしれません。

また、『日本書記』には上毛野地方を本拠とする上毛野氏の祖先が幾度か半島に遣わされ、新羅の軍と戦ったという伝承が掲載されています。天智2（663）年の白村江の戦で前将軍として第一軍を指揮した上毛野君稚子《こうずけのきみわかこ》は、全軍を率いる将軍として半島に派遣されていることからヤマト政権の勢力下でも軍事的に重要な地位を占めていたようですが、騎馬による地上戦を得意とする兵力がなぜ、不向きな海上戦を主とする前線に送られたのか？　東国の一大勢力である毛野は、新たな体制を構築しつつある中央政権側からみると邪魔な存在だったのかもしれません。

東国一の勢力を誇った上毛野氏同様、地方豪族でありながら造山古墳、作山古墳など全国屈指の巨大古墳を築造し、瀬戸内海沿岸に一大勢力を誇った吉備氏もヤマト政権の拡大に反して没落を迎えます。ヤマト・カワチ政権は各地の勢力併存を許さず、自らの政権を中心に据えたまさに中華思想的な勢力図へと変化しました。稲荷山古墳出土鉄剣銘文に記された「天下を佐治」するワカタケル大王の出現、支配領域を「天下」として統治する概念の確立は政権側に同調し組み込まれるか、離反・抵抗を選択するかで各地の勢力は存亡の岐路に立たされたと考えられます。

毛野をはじめとする東国に点在する大小の勢力は、ヤマト政権への軍事的奉仕などにより東国における地位の確立を図り、ヤマト政権が独占的に掌握していた製鉄・馬の育成などの先進技術とそれ有する渡来人の移配による地域開発と勢力の拡大を図ったと推測されています。しかし、須恵器生産は東国よりも早く5世紀中ごろに宮城県仙台市大蓮寺窯で操業が開始されており、渡来系先進技術の供給先として、東国のすべてが認められたわけではないと考えられます。

平安時代初期に編さんされた『国造本紀』には、仁徳天皇の御世に毛野国を上毛野と下毛野に分けたと記されていますが、明確に毛野が上毛野・下毛野の領域となった時期はわかりません。主要古墳などの分布から毛野の地が二つに分かれ、それぞれの地を統治する仕組みができてきたと考えられているのは5世紀末から6世紀初頭頃とされています。しかし、未だ明確な答えは用意されていません。

時代が進んだ神亀元（724）年、対蝦夷政策として鎮兵や軍粮を供給する兵站基地として、陸奥国を含む「坂東九国」という範囲が示され、天平宝字元（757）年の多賀城修造以降に「坂東八国」という範囲が成立しました。このように東国や坂東という概念は、古墳時代以降、軍事と深くかかわる地域であり、下毛野（下野）もその領域にある国のひとつでした。下毛野朝臣古麻呂が兵部卿や大将軍に任じられ、下毛野川内朝臣石代が、養老4年に征夷副将軍に任じられたことも九州における対外防衛や対蝦夷政策において重要な土地であったことを示しています。そもそも毛野は中央から見てどのような存在だったのでしょうか？　現在、東国における毛野の勢力が及んだ範囲、歴史的背景、その消長などについての研究が進んでいます。

日本の歴史が組み上がっていく大きな流れの中で、中央と東国のかかわり方、東国の役割、さらに下毛野（下野）はどのような存在だったのでしょう？　また、そこに住む人たちはどのように暮らしていたのでしょう？　皆さんが、これらについて見て、知って、考える時、少しでもこの資料館を利用していただければ幸いです。

### 国史跡指定100周年

令和3年3月3日、下野薬師寺跡と下野国分寺跡は、国の史跡指定100周年をひっそりと迎えました。1年前には、指定100周年としもつけ風土記の丘資料館のリニューアルを記念し、全国国分寺サミット開催計画も進められていました。しかし、これだけ科学が発達した現代においても新型コロナウイルスの蔓延は止めることができず、想定外の100周年となりました。そもそも聖武天皇により国分寺建立の詔が発せられた741年と現代の社会情勢は類似しており、疫病の蔓延や災害・反乱による混乱などで高官から庶民まで不安に苛まれた時代でした。聖武天皇は仏教による国の安泰を願い各地への国分寺・尼寺の建立を進めました。国分寺・尼寺に配置された僧や尼は医薬などの知識を有し、国分寺や尼寺の敷地では薬草などが栽培されていました。僧や尼たちはこれらの教義や知識を下野薬師寺で学びました。東国各地の国分寺・尼寺に配属された僧や尼の多くは、この下野薬師寺で学んだ人たちであったと考えられます。

　では、下野薬師寺跡と下野国分寺跡は、なぜ100年前の大正10（1921）年3月3日に国の史跡指定を受けることができたのでしょう？双方の寺院跡地は「下野薬師寺瓦」・「国分寺」の文字瓦が出土することから江戸時代から、そこがそれぞれの廃寺跡だと知られていました。明治の廃藩置県の混乱による古美術品の流出、神仏分離令の廃仏毀釈による寺院や仏像などの毀損、開発による古墳や遺跡の滅失が起こり、明治7（1874）年に初めて遺跡保護に関する太政官通達が出されました。明治30（1897）年、わが国初の文化財保護に関する立法措置である「古社寺保存法」が制定されますが、この法律で保護対象とされたのは社寺の建造物と宝物のみで、史跡や天然記念物は保護対象外とされました。

　それらを解消すべく大正8（1919）年に「史蹟名勝天然紀念物保存法」が制定され、栃木県でも大正9（1920）年9月に「栃木県史蹟名勝天然紀念物調査会規則」が定められ、県の関係者とともに郷土史家の丸山瓦全《がぜん》が調査委員に任命されます。瓦全は内務省考査員であった柴田常恵《じょうえ》と旧知の中であり、この2名の調査成果が結実して、下野薬師寺跡と下野国分寺跡、足利学校跡は、県内初の国の史跡に指定されました。この第1回の国の史跡指定には、福岡県太宰府跡などと共に、全国で相模、美濃、播磨、出雲、石見、伊予、大隅国の国分寺跡を含む47件が同時に指定を受けました。

# 年表

| 時代 | 世紀・西暦年 | 主な出来事（太字＝下毛野・下野国関連） |
|---|---|---|
| 弥生時代 | 紀元1世紀頃 | 西日本や東海地方で、複数の首長が同一の農耕祭祀や墳墓祭祀を共有する地域間連合が誕生 |
| | 240～246 | 邪馬台国の王（王女）卑弥呼が亡くなる（『魏志』倭人伝） |
| 古墳時代 | 3世紀後半～4世紀初め | この頃、畿内から瀬戸内海沿岸に前方後円墳が出現／三王山南塚2号墳・1号墳が造られる |
| | 4世紀初め | この頃、倭国の統一が進む |
| | 5世紀前半～6世紀初め頃 | **この頃、下毛野の政治の中心地に笹塚古墳（宇都宮市）が造られ、以後、摩利支天塚古墳・琵琶塚古墳（小山市）の黒川・思川流域へ移る** |
| | 471 | この年（辛亥）の干支銘を持つ鉄剣（埼玉県稲荷山古墳出土）に「獲加多支鹵大王（雄略天皇）」の銘文が刻まれる |
| | 527 | 筑紫国造・磐井が反乱を起こす（磐井の乱） |
| | 534 | 武蔵国造の地位をめぐり内紛が起こる（武蔵国造の乱） |
| | 6世紀中頃 | 百済から仏教が伝わる（538年とも552年とも） |
| | 588 | 法興寺（飛鳥寺）をつくりはじめる（587年とも） |
| | 6世紀後半 | **下野型古墳が造られる／甲塚古墳が造られる** |
| 飛鳥時代 | 592 | 推古天皇が豊浦宮で即位 |
| | 593 | 厩戸王（聖徳太子）が国政をつかさどる |
| | 604 | 憲法十七条を定める |
| | 607 | 小野妹子を隋に派遣／法隆寺をつくりはじめる |
| | 630 | 第一回の遣唐使派遣 |
| | 645 | 中大兄皇子・中臣鎌足らが蘇我蝦夷・入鹿父子を討つ（乙巳の変） |
| | 646 | 大化の改新の詔を出す |
| | 663 | 日本・百済連合が朝鮮半島の白村江で唐に大敗（白村江の戦い） |
| | 670 | 戸籍（庚午年籍）をはじめてつくる |
| | 672 | 壬申の乱が起こる |
| | 673 | 壬申の乱に勝利した天武天皇が飛鳥浄御原宮で即位 |
| | 676 | 新羅が朝鮮半島を統一 |

| | | |
|---|---|---|
| 飛鳥時代 | 681 | 律令と国史の編さんがはじまる |
| | 684 | 新しい身分秩序「八色の姓」制定され、これにより下毛野氏は「朝臣」を授けられ、名実ともに下毛野国を統治する氏族に |
| | | この頃、下野薬師寺創建か |
| | 689 | 那須直韋提が国造の権限を失い、下位にあたる「評督」に任命される |
| | 689 | 飛鳥浄御原令が制定される |
| | 694 | 藤原京に都を移す |
| | 701 | 下毛野朝臣古麻呂らが編さんに関わった「大宝律令」が制定 |
| | | この頃、意斯麻呂らが那須直韋提を偲び石碑を祀る（那須国造碑） |
| | 708 | 和同開珎を発行／平城遷都決定 |
| | 710 | 式部卿大将軍正四位下下毛野朝臣古麻呂が亡くなる |
| 奈良時代 | 710 | 平城京に都を移す |
| | 712 | 『古事記』が完成 |
| | 720 | 『日本書紀』が完成 |
| | | この頃、下野薬師寺大改修か |
| | 729 | 長屋王の変 |
| | 737 | 天然痘が都で大流行し、藤原武智麻呂ら四兄弟が亡くなる |
| | 740 | 藤原広嗣の乱／恭仁京に都に移す |
| | 741 | 国分寺建立の詔を発布 |
| | 744 | 難波京を都とする |
| | 745 | 都を平城京へ戻す |
| | 752 | 東大寺で大仏の開眼供養が行われる |
| | 754 | 唐から鑑真が来日 |
| | 757 | 養老律令を施行／橘奈良麻呂の変／平城宮の改作 |
| | 770 | 道鏡が失脚し、下野薬師寺別当として配流される |
| | 784 | 長岡京に都を移す |
| | 794 | 平安京に都を移す |

# 参考文献

## 《古墳時代》


朝霞市博物館（２０１９）『朝霞から見る古墳の出現 ～方形周溝墓から古墳へ～』（第34回企画展）
大阪府立近つ飛鳥博物館（１９９４）『常設展示図録』
大阪府立近つ飛鳥博物館（１９９７）『まつるかたち—古墳・飛鳥の人と神—』（平成9年度春季特別展図録）
大阪府立近つ飛鳥博物館（２００９）『卑弥呼死す大いに冢をつくる—前方後円墳の成立—』（平成21年度春季特別展図録）
大阪府立近つ飛鳥博物館（２０１０）『ふたつの飛鳥の終末期古墳—河内飛鳥と大和飛鳥—』（平成21年度冬季特別展図録）
大阪府立近つ飛鳥博物館（２０１１）『百舌鳥・古市の陵墓古墳—前方後円墳の実像—』（平成23年度秋季特別展図録）
大阪府立近つ飛鳥博物館（２０１３）『百舌鳥・古市古墳群出現前夜』（平成25年度春季特別展図録）
大阪府立近つ飛鳥博物館（２０１３）『考古学からみた推古朝 —推古二十一年 難波～飛鳥間大道設置一四〇〇年にちなんで—』（平成25年度秋季特別展図録）
大阪府立近つ飛鳥博物館（２０１４）『箸墓以降—邪馬台国連合から初期ヤマト政権へ—』（平成26年度秋季特別展図録）
大阪府立近つ飛鳥博物館（２０１６）『古墳とは何か—葬送儀礼からみた古墳—』（平成28年度春季特別展図録）
大阪府立近つ飛鳥博物館（２０１９）『百舌鳥・古市古墳群と土師氏』（令和元年度夏季特別展図録）
小畑弘己・寺前直人・高橋照彦・田中史生（２０１０）『国のなりたち 旧石器時代から飛鳥時代』（Ｊｒ． 日本の歴史1）小学館
群馬県立歴史博物館（２００９）展『国宝武人ハニワ、群馬へ帰る—これが最後、東と西の埴輪大集合—』（開館30周年記念）
小森哲也（２０１５）『東国における古墳の動向からみた律令国家成立過程の研究』六一書房
高崎市観音塚考古資料館（２０１９）『群馬に古墳が造られ始めたころ』（令和元年度高崎市観音塚考古資料館第31回企画展）
千葉県立房総のむら『龍角寺古墳群とその時代』（令和元年度企画展）
栃木県教育委員会・大田原市教育委員会（２０１３）『われ、西より来たりて那須の地を治める—地方から古墳文化のはじまりを探る—』（平成二十五年度栃木県立なす風土記の丘第21回特別展）
壬生町立歴史民俗博物館（２０１１）『しもつけ古墳群—下毛野の覇王、吾妻ノ岩屋から車塚へ—』
右島和夫・若狭徹・内山敏行編（２０１１）『古墳時代毛野の実像』（季刊考古学別冊17）雄山閣
奈良県立橿原考古学研究所付属博物館（２００２）『大和と東国～初期ヤマト政権を支えた力～』（秋季特別展）
広瀬和雄（２００３）『前方後円墳国家』角川書店
広瀬和雄（２０１５）『知識ゼロからの古墳入門』幻冬舎
兵庫県立考古博物館（２００８）『Ｐａｓｔ＆Ｆｕｔｕｒｅ 兵庫県立考古博物館コンセプトブック』
兵庫県立考古博物館（２０１９）『埴輪の世界—埴輪から古墳を読みとく—』（池田古墳出土品重要文化財指定記念）
松木武彦編（２０１９）『考古学から学ぶ古墳入門』講談社
古屋紀之（２００７）『古墳の成立と葬送祭祀』雄山閣
若狭徹（２０００）「人物埴輪再考」『史跡・保渡田古墳群 八幡塚古墳』高崎市教育委員会
若狭徹（２０１３）『ビジュアル版古墳時代ガイドブック』（シリーズ「遺跡を学ぶ」別冊04）新泉社
若狭徹（２０１７）『古墳時代 前方後円墳と東国社会』（古代の東国①）吉川弘文館
和歌山県立紀伊風土記の丘（２０２０）『埴輪が語る古墳の祀り』（令和2年度秋季特別展）
和田晴吾（２０１４）『古墳時代の葬制と他界観』吉川弘文館

### 《飛鳥・奈良時代》


朝日新聞社（２００２）『飛鳥・藤原京展』（奈良文化財研究所創立50周年記念）
飛鳥資料館（２０１４）『いにしえの匠たち―ものづくりからみた飛鳥時代―』（平成26年度飛鳥資料館春季特別展）
近江俊秀・森先一貴（２０１９）『境界の日本史』朝日新聞出版
大田原市なす風土記の丘湯津上資料館（２０１４）『那須国造碑―時代と人をむすぶもの―』（平成26年第２回企画展）
川尻秋生（２０１７）『飛鳥・奈良時代　坂東の成立』（東国の古代②）吉川弘文館
木下正史・佐藤信編（２０１０）『飛鳥から藤原京へ』（古代の都１）吉川弘文館
国分寺市教育委員会（２０１０）『武蔵国分寺のはなし』（見学ガイド）
佐藤信編（２００２）『律令国家と天平文化』（日本の時代史４）吉川弘文館
滋賀県立安土城考古博物館（２０１６）『飛鳥から近江へ　天智天皇の意図を探る』（平成28年度秋季特別展）
重見泰（２０１２）『新羅土器からみた日本古代の国家形成』学生社
須田勉（２０１２）『古代東国仏教の中心寺院下野薬師寺』（シリーズ「遺跡を学ぶ」０８２）新泉社
舘野和己（２００１）『古代都市平城京の世界』（日本史リブレット７）山川出版社
田辺征夫・佐藤信編（２０１０）『平城京の時代』（古代の都２）吉川弘文館
寺崎保広（２０１３）『若い人に語る奈良時代の歴史』吉川弘文館
奈良県立橿原考古学研究所附属博物館（２００４）『天武・持統朝～その時代と人々～』（春季特別展）
奈良県立橿原考古学研究所附属博物館（２０１０）『奈良時代の匠たち―大寺建立の考古学―』（平城遷都１３００年記念　橿原考古学研究所付属博物館開館70周年記念秋季特別展）
奈良県立橿原考古学研究所附属博物館（２０１２）『「日本国」の誕生』（『古事記』完成１３００年記念事業・平成24年秋季特別展）
馬場基（２０１０）『平城京に暮らす』（歴史文化ライブラリー２８８）吉川弘文館
府中文化振興財団府中市郷土の森博物館（２００５）『古代武蔵国府』（府中市郷土の森博物館ブックレット６）
奈良文化財研究所（１９９８）『なら平城京展98』（図録）奈良市
三上喜孝・藤森健太郎（２０１０）『都と地方のくらし　奈良時代から平安時代』（Ｊｒ．日本の歴史２）小学館
南河内町史編さん委員会編（１９９８）『南河内町史』（通史編 古代・中世）南河内町
森公章（２００２）『倭国から日本へ』（日本の時代史３）吉川弘文館
渡辺晃宏（２００１）『平城京と木簡の世紀』（日本の歴史04）講談社
渡辺晃宏（２０１０）『平城京一三〇〇年「全検証」―奈良の都を木簡からよみ解く―』柏書房


### 《平安時代》


荒井秀規（２０１７）『平安時代　覚醒する〈関東〉』（東国の古代③）吉川弘文館
坂上康俊（２００１）『律令国家の転換と「日本」』（日本の歴史05）講談社
西山良平・鈴木久男編（２０１０）『恒久の都　平安京』（古代の都３）吉川弘文館
吉川真司編（２００２）『平安京』（日本の時代史５）吉川弘文館

## 図版提供・協力者一覧（順不同・敬称略）

独立行政法人国立文化財機構 東京国立博物館
独立行政法人国立文化財機構 奈良文化財研究所
大阪府立近つ飛鳥博物館
群馬県立歴史博物館
栃木県立博物館
奈良県立橿原考古学研究所附属博物館
福島県立博物館
高崎市かみつけの里博物館
日本銀行金融研究所貨幣博物館
公益財団法人 馬事文化財団
栃木県教育委員会
太田市教育委員会
橿原市
熊谷市教育委員会
鴻巣市教育委員会
高崎市教育委員会
高槻市
那珂川町教育委員会
奈良市
松坂市教育委員会
宮若市教育委員会
国立大学法人 群馬大学共同教育学部
福島県立磐城高等学校
笠石神社
宗像大社
株式会社トータルメディア開発研究所
株式会社小林工芸社
凸版印刷株式会社
小川　忠博
塚原　英雄

## 利用案内

● **開館時間**
午前9時～午後5時まで（入館は4時30分）

● **休館日**
月曜日（祝日の場合は翌日）
第3火曜日（祝日の場合は除く）
休日の翌日（土曜・日曜・祝日の場合は除く）
年末年始（12月28日から1月4日まで）

● **入館料**　無料

## 交通案内

● **電車・タクシー**
JR小金井駅下車、西口から約4km
JR小金井駅下車、車（タクシー）で約10分

● **お車**
東北自動車道：栃木インターから約15分
北関東自動車道：壬生インターから約15分

＊本書の情報および知見は、令和3（2021）年3月時点のものです

＊本書の執筆は山口耕一（下野市教育委員会事務局文化財課）が担当した

App Store からダウンロード

Google Play で手に入れよう

体験型ＶＲ観光アプリ「ストリートミュージアム®」では、下野市内の古墳、東山道と周辺の古代史跡、下野市内の日光街道と一里塚を再現したＣＧを見ることができます。



# 新・しもつけ風土記 ―展示解説図録―

2021年3月28日　第1刷発行

編者・発行　下野市立しもつけ風土記の丘資料館
〒329-0417　栃木県下野市国分寺993
TEL 0285-44-5049
下野市教育委員会事務局文化財課
〒329-0492　栃木県下野市笹原26

発　売　有限会社随想舎
〒320-0033　栃木県宇都宮市本町10-3 TSビル
TEL 028-616-6605　FAX 028-616-6607
URL：http://www.zuisousha.co.jp/

印　刷　晃南印刷株式会社

装　丁　栄舞工房

定価はカバーに表示してあります／乱丁・落丁はお取りかえいたします

ISBN978-4-88748-390-3-C0021